# COMPRENDRE

revista catalana de filosofia

*Comprendre. Revista catalana de filosofia.* Coeditada per Herder Editorial i Facultat de Filosofia de la Universitat Ramon Llull. Els originals per sotmetre a consideració del Consell de redacció cal enviar-los a:

*Comprendre. Revista catalana de filosofia*
Campus La Salle Barcelona
Facultat de Filosofia
Universitat Ramon Llull
C/ Sant Joan de La Salle, 42 - 08022 Barcelona
Tel. (00) - 34 - 932902044
comprendre@salle.url.edu
https://www.salleurl.edu

**Per a subscripcions i comandes**
Herder Editorial
Tel. 934762640 - Fax 932073448
revista@herdereditorial.com
http://www.herdereditorial.com

**Preu exemplar: 13,50 € (IVA inclòs)**
**Preu de subscripció: 20 € / any (IVA inclòs)**
Periodicitat semestral



COMPRENDRE està indexada a ERIH Plus, IBZ (Internationale Bibliographie der geistes-und sozialwissenschaftlichen Zeitschiftenliteratur), IBR (Internationale Bibliographie der geistes-und sozialwissenschaftlichen Literatur), ISOC (C.S.I.C.), Latindex (UNAM, Mèxic), Philosopher's Index, Répertoire bibliographique de la philosophie. COMPRENDRE ha estat seleccionada per Elsevier a fi de ser indexada a SCOPUS des de desembre de 2015

Maquetació: Fotoletra, SA

Coberta: Michel Tofahrn
Impressió: Fotoletra, SA
Dipòsit legal: B-31.512-2012
ISSN: 1139-9759
ISSN electrònic: 2385-5002

# COMPRENDRE

revista catalana de filosofia

Vol. 26/2 Any 2024

## Articles / Articles

**Escucha, humildad y amor.**
**Las claves filosóficas del pensamiento de Bernardo de Claraval** **5**
***Listen, humility and love.***
***The philosophical keys to the thought of Bernard of Clairvaux***
Ignacio Verdú Berganza

**Thomas Hobbes i la incerta naturalesa humana** **21**
***Thomas Hobbes and the uncertain human nature***
Roger Castellanos Corbera i Josep Monserrat Molas

**Nulla esistentivo e darsi della forma.**
**La mistica di Giovanni della Croce nel pensiero di María Zambrano** **39**
***Nothing exists and takes shape.***
***The mysticism of John of the Cross in the thought of María Zambrano***
Antonio Bergamo

***Corporate Catholic responsibility:***
***A theological perspective of business administration*** **57**
Eduardo Gómez Melero, Eva López González i José Torres-Remírez

**L'atemporalitat del mite de Laocoont.**
**Una aproximació des de l'obra d'Ismaïl Kadaré** **81**
***The timelessness of Laocoön's myth.***
***An aproach from Ismail Kadaré's works***
Josep Ignasi Vives Ortiz

## Comentari bibliogràfic

**La imposible sustitución. Judíos y cristianos (siglos I al III)** **101**
Jean-Miguel Garrigues

## Ressenyes / Reviews

**Armando Pego Puigbó (coord.),** ***Leer el Futuro: Cultura y tecnociencia tras la posmodernidad (1970-2023)*** **111**
Rosa Ma Alsina-Pagès

**Marco Filoni,** ***Vida y pensamiento de Alexandre Kojève. La acción política del filósofo*** **114**
Jordi Feixas i Roigé

**Rémi Brague,** ***Sobre el Islam*** **117**
Francisco Jesús Cañete Cantón

**Josep Maria Esquirol,** ***L'escola de l'ànima: de la forma d'educar a la manera de viure*** **121**
Joan Ordi Fernàndez

Llibres rebuts / Books received **129**

Índex anterior / Previous Index **133**

Normes de publicació / Guideline for contributors **135**

# ESCUCHA, HUMILDAD Y AMOR. LAS CLAVES FILOSÓFICAS DEL PENSAMIENTO DE BERNARDO DE CLARAVAL

**Ignacio VERDÚ BERGANZA**

Universidad Pontificia Comillas
iverdu@comillas.edu
Núm. ORCID: 0000-0002-1151-0271
DOI: 10.60940/comprendrev26n2id431686
Article rebut: 02/09/2024
Article aprovat: 26/09/2024

## Resumen

El presente estudio tiene una doble intención: en primer lugar, pretendo exponer, con rigor y máxima claridad, las que considero que son las claves del pensamiento, profundamente filosófico, de san Bernardo de Claraval. Y en segundo lugar, pretendo con ello reivindicar el valor de la propuesta filosófica de este extraordinario pensador, propuesta que se encuentra estrechamente vinculada, a través de san Agustín, a lo mejor de la tradición socrático-platónica, que cobrará especial vigor en el siglo XII.

**Palabras clave:** San Bernardo de Claraval, Amor, Humildad, Escucha, Verdad.

## Listen, humility and love. The philosophical keys to the thought of Bernard of Clairvaux

## Abstract:

The present study has a double intention: firstly, I intend to expose, with rigor and maximum clarity, what I consider to be the keys to the deeply philosophical thought of Saint Bernard of Clairvaux. And, secondly, I intend to vindicate the value of the philosophical proposal of this extraordinary thinker, a proposal that is closely linked, through Saint Augustine, to the best of the Socratic-Platonic tradition, which will gain special force in the 12th century.

**Key Words:** Saint Bernard of Clairvaux, Love, Humility, Listen, Truth.

*«Quien se figura terminado de conocer algo, aún no ha empezado a conocer como es debido».*[1]
*«Un alma que desconoce la verdad no podemos decir que vive, sino que está muerta, y carece también de sensibilidad si no posee el amor. La vida del alma es la verdad, y su sensibilidad el amor».*[2]
*«La ciencia que engríe, por carecer de amor, no nace de un beso».*[3]

Conocido es, y mucho se ha escrito sobre ello, el enfrentamiento que protagonizaron dos de las mentes más brillantes e influyentes del siglo XII: Pedro Abelardo y san Bernardo de Claraval.[4] Del mismo modo es reconocido, y ha suscitado investigaciones de gran interés, la importancia del primero en el campo de la dialéctica, pero también de la pedagogía, en la medida en que llegó a ser uno de los maestros más afamados, dedicando su vida a la labor de enseñar, y en sus obras dejó claro el valor de la investigación, esforzándose por encaminar, tanto la investigación como la enseñanza, hacia el rigor y la claridad.

«La investigación se emprende con el estímulo de la duda, y por medio de la investigación se llega al conocimiento de la verdad. Con certeza, la llave primordial que abre las puertas hacia la sabiduría es la pregunta inquisitoria constante y asidua», afirmaba con contundencia en el prólogo de su *Sic et non*.[5] Y allí mismo advertía: «El docente evitará todas las palabras que no enseñen (aclaren). Es señal de un talante distinguido

[1] «Qui se, inquit, putat aliquid scire, nondum scit quomodo oporteat eum scire». BERNARDO DE CLARAVAL, *Sermón 36 sobre el Cantar de los Cantares, II, 3.* En: *Obras completas de San Bernardo* (V). Madrid: B.A.C., 1987, pp. 519-521. En este caso san Bernardo parafrasea a san Pablo 1 Cor 8,2. En adelante esta obra la citaré del siguiente modo: BERNARDO DE CLARAVAL, *Sermones sobre el Cantar de los Cantares...*

[2] «Neque enim vivere dicenda est anima, quae veritatis non habet cognitionem, sed adhuc mortua est in semetipsa, quemadmodum et ea sine sensu, quae necdum habet dilectionem. Est esgo animae vita veritas, sensu caritas». BERNARDO DE CLARAVAL, *Sermones varios*, 10, 1. En: *Obras completas de San Bernardo* (II). Madrid: B.A.C., 1988, pp. 112-113. En adelante esta obra la citaré del siguiente modo: BERNARDO DE CLARAVAL, *Sermones varios...*

[3] «Scientia ergo quae inflat, cum sine caritate sit, non procedit ex osculo», San Bernardo de Claraval, *Sermones sobre el Cantar de los Cantares,* nº 8, IV, 6, pp. 142-143.

[4] Dejando a un lado la tan estudiada carta dirigida por Bernardo al papa Inocencio II, que citaremos más adelante, sobre el enfrentamiento que mantuvieron ambos pensadores señalo algunos trabajos que me parecen de especial interés: Pedro LASSERRE, *Abelardo contra San Bernardo. Un conflicto religioso en el siglo XII.* Buenos Aires: Editorial Nova, 1944; Luis E. BACIGALUPO, «Bernardo contra Abelardo: Moral y Política en el siglo XII». *Estudios de Filosofía* [Lima], 2, 1991, pp. 71-74; Ramón KURI CAMACHO, «Los espacios de la fe y de la razón: San Bernardo contra Pedro Abelardo». *Medievalia* [México, D. F.], 24, 1996, pp. 20-30; Óscar BELTRÁN, «El concilio de Sens: un episodio del siglo XII». *Studium. Filosofía y Teología* [San Miguel de Tucumán], 34, 2014, pp. 285-311; y merece especial atención, pues el abordaje del asunto, que comparto en gran medida, es de enorme interés: Natalia JAKUBECKI, «El *Scito te ipsum* de Pedro Abelardo frente al socratismo cristiano», *Daimon. Revista internacional de filosofía* [Murcia], 88, 2013, pp. 81-95.

[5] Pedro ABELARDO, SN, 1349 B; citado en: César RAÑA DAFONTE, *Abelardo.* Madrid: Ediciones del Orto, 1998, pp. 18 y 19.

amar lo verdadero en las palabras, no las meras palabras bellas. Una llave de oro no vale para nada si de abrir una puerta se trata, y no se realiza».[6]

Esta reivindicación de la claridad expositiva, del rigor en el razonamiento, de la dialéctica, en gran medida, frente a la retórica, la poética incluso, no era un asunto menor. Sabemos que el papel y el valor de las artes que componían el *Trivium* venía siendo objeto de enfrentamientos desde tiempo atrás, y tendrá importantes consecuencias, como se comprobará con el paso del tiempo. Suponía, en el fondo, una comprensión de lo que es la verdad y, por tanto, del camino que conduce a ella, del método que ha de guiar los pasos de aquel que quiere aproximarse a la verdad y mostrarla. Y aquí estará, entre otros, un punto de fricción insoslayable entre el renombrado dialéctico y los piadosos monjes Guillermo de Saint-Thierry y san Bernardo de Claraval.

A diferencia de Pedro Abelardo, cuando hablamos de san Bernardo hablamos de un monje de vocación que, como intentaré mostrar, tiene una comprensión de lo que es la verdad, del modo en que se reconoce y muestra, del valor de la belleza, de las condiciones necesarias para aprender y progresar, por tanto, en sabiduría, distantes, sin duda, de las de quien fue su brillante oponente.

«La vacía locuacidad de los filósofos no es buena lluvia, y trae más esterilidad que fertilidad», afirma en uno de sus sermones sobre el Cantar de los Cantares.[7] ¿Significa esto que Bernardo rechaza la filosofía, es más, que renuncia a la razón y su uso en el camino hacia el saber? Interpretar así a Bernardo sería un error y una simpleza, nacida, posiblemente, de una traslación de nuestros esquemas mentales a la vida monacal del siglo XII.

Bernardo es un brillante y profundo lector e intérprete de san Agustín; y como Agustín, sabe distinguir al verdadero filósofo del sofista, que se presenta a sí mismo como filósofo. Cuando escribe al papa Inocencio II advirtiéndole del peligro que supone la actividad desplegada por Pedro Abelardo, que se atreve ya con la teología, le dice lo siguiente: «Tenemos en Francia un sabio maestro y novel teólogo, muy versado desde su juventud en el arte de la dialéctica. Y ahora maneja, sin el debido respeto, las Sagradas Escrituras. [...] Se gloría de no ignorar nada de cuanto hay arriba en el cielo y abajo en la tierra, excepto su propia ignorancia».[8] Bernardo desliza una interesante crítica de corte socrático al referirse al versado dialéctico, al que presenta más como un

[6] Pedro ABELARDO, SN, 1340 A y B; citado en: César RAÑA DAFONTE, *Abelardo.* Madrid: Ediciones del Orto, 1998, p. 20.

[7] «Philosophorum ventosa locuacitas non bonus est imber, qui sterikitatem magis intulit quam fertilitatem». BERNARDO DE CLARAVAL, *Sermones sobre el Cantar de los Cantares*, nº 58, 7, pp. 738-739.

[8] «Habemus in Francia novum de veteri magisttro theologum, qui ab ineunte aetate sua in arte dialectica lusit, et nunc in Scripturis sanctis insanit. [...] Qui dum ómnium quae sunt *in caelo sursum et,* quae *in terra deor sum,* nihil, praeter solum «Nescio», nescire, dignatur...». BERNARDO DE CLARAVAL, *Carta al papa Inocencio II – Errores de Pedro Abelardo-*. En: *Obras completas de San Bernardo* (II). Madrid: B.A.C., 1975, pp. 529-530.

sofista que como un filósofo. Y este será un aspecto clave de la cuestión que me propongo abordar.

Decía san Agustín, refiriéndose a Platón en la *Ciudad de Dios*:

> no duda en afirmar que filosofar es amar a Dios, cuya naturaleza no es corporal. De donde se sigue entonces que es feliz el amante de la sabiduría (tal es el filósofo) cuando comienza a gozar de Dios. [...] Quien goza de aquel a quien ama, y ama el verdadero y sumo bien, ¿quién, sino alguien muy depravado, negará que es feliz? A ese bien verdadero y supremo lo reconoce Platón como Dios, por eso dice que el filósofo es amador de Dios, a fin de que, como la filosofía tiende a la vida feliz, sea feliz gozando de Dios el que lo ama.[9]

Este texto, que cobra pleno sentido leído a la luz de las *Confesiones*, es de gran importancia. La auténtica filosofía, como amor a la sabiduría, camino hacia la verdad y el bien que es Dios mismo, no es rechazada por el monje Bernardo, ni lo fue por Anselmo, ni lo será por Buenaventura, admiradores confesos de san Agustín. Pero su filosofía, confiesa el monje cisterciense, consiste en conocer a Jesús, el Logos encarnado, y en conocerlo como el Crucificado, que es Camino, Verdad y Vida: «esta es mi filosofía más sutil y más profunda: conocer a Jesús, y a Este crucificado».[10] Y para alcanzar lo que anhela no rechaza la razón, ni la investigación racional en sí misma, sino la movida por la mera y vana curiosidad; un saber no enraizado en la humildad y el amor, sino en el apetito de la propia excelencia, es decir, en la soberbia, en definitiva.

La curiosidad, para Bernardo, es el primer grado de la soberbia, no el más alto grado, sin duda, pero en tanto que esta *curiositas* no nace de la humildad ni del amor, ni de la apertura a una alteridad radical que se dona como luz, ni del agradecimiento del que se siente agraciado, aleja al hombre de su verdadero objetivo, al que está llamado: el auténtico conocimiento de sí mismo, y, como consecuencia, de lo que nos habita y nos apela, es decir, la Verdad, el Bien, Dios, que es Amor.

Ya decía san Pablo que «el saber envanece; solo el amor es de veras provechoso. Si alguno cree saber algo, es que todavía ignora cómo hay que saber».[11] Y en este sentido,

[9] «Ideoque non dubiathoc ese philosophari, amare Deum; cuius natura sit incorporalis. Unde utique colligitur, tunc fore beatum studiosum sapientiae (id enim est philosophus), cum Deo frui coeperit. Quam enim non continuo beatus sit, qui eo fruitur quod amat; multi enim amando ea quae amanda non sunt, miseri sunt, et miseriores cum fuuntur; nemo tamen beatus est, qui eo quod amat non fruitur. Nam et ipsi qui res non amandas amant, non se beatos amando putant, sed fruendo. Quisquis ergo fruitur eo quod amat, verumque et summum bonum amat, quis eum beatum nisi miserrimus negat? Ipsum autem verum ac summum bonum Plato dicit Deum, unde vult ese philosophum amatorem Dei, ut quoniam philosophia ed beatam vitam tendit, frens Deo sit beatus qui Deum amaverit». Agustín de Hipona, *Ciudad de Dios*, VIII, 8. En: *Obras completas de San Agustín* (XVI). Madrid: B.A.C., 2004, pp. 498-499.

[10] «Haec mea subtilior, interior philosophia, scire Iesum, et hunc crucifixum». Bernardo de Claraval, *Sermones sobre el Cantar de los Cantares*, nº 43, III, 4, pp. 584-585.

[11] 1 Cor 8,2.

afirma Bernardo: «No vale saber mucho, si no se sabe medir la sabiduría. Verás también que el fruto y la utilidad de la ciencia dependen del modo como se sabe».[12]

Es, sin duda, una profunda lectura de los textos de san Agustín, y, cómo no, de san Pablo, la que sustenta el pensamiento de Bernardo, pero nuestro monje llevará a alturas extraordinarias las tesis agustinianas. En su obra titulada *A los clérigos sobre la conversión* podemos leer lo siguiente: «Abrid el oído de vuestro corazón a esta voz interior (la del Maestro interior, diría Agustín) y escuchad atentos a Dios, que habla en la intimidad, no a mí, que os hablo desde fuera. La voz del Señor es potente, la voz del Señor es magnífica, sacude el desierto, quiebra los secretos y hace saltar a las almas embotadas».[13]

De nuevo nos movemos en claves platónicas, de nuevo se remarca la idea de que, aunque queramos, no podemos evadirnos de la Verdad, del Bien, de Dios mismo que, y esto será clave, el cristiano sabe que es otro que él, alteridad radical, y es Amor, que nos llama, nos invita a amar.

Aprender, en verdad, no es meramente adquirir conocimientos, aprender implica una transformación radical, a mejor, en quien aprende, que ha de ser capaz de escuchar y acoger humilde y agradecido al maestro interior que siempre nos habla. Y «No hay que esforzarse mucho para advertir esta voz. Lo que cuesta realmente es cerrar los oídos para no percibirla. Ella misma se insinúa, se adentra y no cesa de golpear a la puerta de cada uno».[14]

Lo queramos o no, nuestra vida, cuando la vivimos y al vivirla nos definimos, nos hacemos quienes somos, supone siempre un amar, un decidir sobre cuál va a ser el amor de nuestra vida, qué va a mover nuestras decisiones, dónde pondremos nuestro corazón, qué respuesta le daremos a la Verdad, al Bien, al Amor que nos reclaman; si escucharemos y acogeremos o haremos oídos sordos.

> Todavía convive con nosotros, todavía sigue hablando. Pero apenas hay nadie que le escuche. Todavía sigue diciendo: Andan con el corazón descarriado. Todavía la Sabiduría va gritando por las plazas: Transgresores, volveos hacia el corazón. Es lo primero que nos dice el Señor, y parece que esta llamada va delante de cuantos por la conversión se vuelven

[12] «Vides quoniam non probat multa scientem, si sciendi modum nescierit. Vides, inquam, quomodo frutum et utilitatem scientiae in modo sciendi constituit». Bernardo de Claraval, *Sermones sobre el Cantar de los Cantares*, nº 36, II, 3, pp. 520-521.

[13] «Ad hanc ergo interiorem vocem aures cordis erigi admonemus, ut loquentem Deum intus audire quam foris hominem studeatis. Illa enim vox magnificentiae et virtutis, deserta concutiens, secreta discutiens, torporem excutiens animarum». Bernardo de Claraval, *Sermón a los clérigos sobre la conversión*, I, 2. En: *Obras completas de San Bernardo* (I). Madrid: B. A.C., 1993, pp. 366-367. En adelante esta obra la citaré del siguiente modo: Bernardo de Claraval, *A los clérigos sobre la conversión*, ...

[14] «Nec sane laborandum est, ut ad vocis huius perveniatur auditum; labor est potius aures obturare ne audias. Nimirum vox ipsa se offert, ipsa se ingerit, nec pulsare interim cesat ad ostia singulorum». Bernardo de Claraval, *A los clérigos sobre la conversión*, II, 3, pp. 366-367.

hacia su corazón. Es más, los va disuadiendo, los fuerza a volver a un enfrentamiento consigo mismos.[15]

El caso es que no todos deseamos enfrentarnos con nosotros mismos, preguntarnos, con seriedad y autenticidad, qué amamos por encima de todas las cosas, cómo hemos de vivir para que nuestra vida de verdad merezca ser vivida, quiénes somos. Pero, como mostraba el primer Platón, al presentar la figura de su maestro Sócrates, sin este esfuerzo auténtico, veraz y humilde, por conocernos a nosotros mismos, no puede haber verdadera filosofía; tan solo un remedo, un simulacro, de filosofía.

No somos pocos los que olvidamos, o intentamos olvidar, no oír, no saber, lo que nos habita en el corazón, endureciéndolo, para no conmovernos, huyendo y volcándonos en el mundo que podemos señorear como brillantes sofistas. Pero el olvido de lo que nos habita en la memoria, en clave agustiniana, dirá Bernardo: es la muerte del alma. El olvido de la Verdad, el Bien, que claman en medio del tumulto de la vida, nos embrutece, nos confunde, termina por adormecernos, hasta tal punto que ya no somos capaces de reconocernos, olvidados de nosotros mismos, y, como decía Heráclito, nos hacemos meros obreros de lo que pasa en el mundo.

«Me parece que el dios me ha puesto en el Estado [...], para que os despierte, os persuada y os vitupere a cada uno de vosotros y no deje el día entero de picar por todas partes»,[16] afirmaba Platón que les había dicho Sócrates a sus jueces el día en que le condenaron, mostrando el valor de su actividad filosófica, la responsabilidad adquirida de despertar a los dormidos, a los que hacían oídos sordos, de convertir en filósofos a los que, olvidados de su condición, malvivían.

«El Señor está repitiendo: convertíos. Pero muchos ni hacen caso, se hacen sordos y dicen: este lenguaje es insoportable». «No endurezcáis el corazón». «Vivamos en el corazón, donde habita Cristo»,[17] clamará Bernardo.

Quien no se convierte a la filosofía no progresa hacia el saber, pues convertirse en filósofo no es sino reorientar, transformar nuestro amor, el que nos define, lanzándolo hacia lo otro que nosotros y nuestro mundo, el que señoreamos; hacia esa voz, luz, que siendo más íntima a nosotros que lo más íntimo nuestro y más elevada que lo más sumo nuestro, nos constituye en un sentido radical. Y así, lo triste es no sentirse conmovido, inquieto, apelado, haberse acomodado al mundo, a su dominio, olvidando, como ya señalaba Plo-

[15] «Adhuc nobis proximus est, adhuc loquitur, est non est forte qui audiat. Adhuc dicit: *Hi errat* corde; adhuc Sapientia clamitat in plateis: *Redite, praevaricatores, ad cor.* Hoc nempe initium loquendi Domino, et hoc verbum ad omnes qui convertuntur ad cor, praecessisse videtur, et non modo revocan seos, sed et reducens et statuens contra faciem suam». Bernardo de Claraval, *A los clérigos sobre la conversión*, II, 3, pp. 366-367.

[16] Platón, *La defensa de Sócrates*, 30e. Salamanca: Sígueme, 2005, p. 159.

[17] «Ecce enim quid loquitur Deus: Agite, inquit, paenitentiam; et dissimulant multi, et continente aures suas, et dicunt: *Durus est hic* sermo», «*Nolite obdurare corda* vestra»; «Nec in sterquilinio huius miseri corporis, sed in cirde, ubi Christus hábitat». Bernardo de Claraval, *Sermones varios*, nº 5, 2, pp. 80-81; 3, pp. 82-83, y 4, pp. 84-85.

tino, quiénes somos, a qué estamos llamados. «He huido de Dios, que me perseguía con su amor»,[18] había clamado san Anselmo en una de sus oraciones. Y dirá Bernardo: «No es extraño que el alma no sienta estas heridas. Se ha olvidado de sí misma. Y ausentándose de su interior, ha salido hacia un país lejano»,[19] en el que, cerrada sobre sí, se perderá, en el que, no queriendo oír, sufrirá la angustia de la soledad y el sinsentido.

La cuestión filosófica por excelencia, sobre la que gravita toda vida humana, es la de saber quiénes somos realmente, qué amamos en verdad por encima de todas las cosas, y, en el estado de caída en el que nos encontramos, en la caverna que diría un platónico, reconocer que no somos sabios, que no sabemos, que no respondemos al amor que nos apela, que nos hemos destensado, que hemos aflojado nuestro compromiso con el Bien absoluto. Pero saber que no somos quién estamos invitados a ser, bien lo sabía Sócrates, humilla y duele, hiere en lo más profundo: «¿Preguntas por el amor de tu alma?, ¿es que carece de nombre?, ¿quién eres tú y quién es él?».[20]

«En adelante evitaré lo más posible la dureza del corazón; [señala Bernardo, para quien la dureza del corazón no es sino el olvido de quien, con su relación, habitándonos y llamándonos, nos constituye como quienes somos] aceptaré con lágrimas mi dolor, no sea que, al hacerse insensible mi herida, se haga incurable».[21]

Para Bernardo, por encima de las ciencias que nacen del mero uso del intelecto, que proporcionan dominio sobre el mundo y, como herramientas de dominio, son peligrosas en tanto que nos hacen poderosos, está la ciencia de nuestra propia condición, a la vez noble, *capax Dei*, capaz de amar más allá de lo suyo propio, y miserable, en tanto que caída, dominada por el miedo y la codicia. El gran peligro está en creer que saber del funcionamiento del mundo es ser sabio, o peor aún, que el valor del saber está en el poder que proporciona.

Como en la vieja tradición socrática, para Bernardo es clave tener presente que no somos mejores, ni más sabios, por tener mayor poder sobre el mundo. Quien así lo entiende, como confesaba Agustín, ha olvidado su condición, ha apostado por volcarse en el exterior, ausentándose de su interior, pero, afirma Bernardo: «El hijo que huye de su padre, se hace siervo de otro».[22] Y ¿quién es ese otro?, el mundo, que se le presenta como el espacio en el que ejercer su poder.

---

[18] «Ego fugi Deum prosequentem». ANSELMO DE CANTERBURY, *Oración a San Juan Bautista*. En: *Obras completas de San Anselmo* (II). Madrid: B.A.C., 2009, pp. 328-329.

[19] «Qui vero mirum, si propriam minime sentiat anima lesionem, quae, sui ipsius oblita et penitus absens sibi, in longinquam profecta est regionem?». BERNARDO DE CLARAVAL, *A los clérigos sobre la conversión*, IV, 5, pp. 372-373.

[20] «Quem diligit anima tua, de ipso scitaris? Et non habet nomen? Quaenam vero tu, et ille quis?». BERNARDO DE CLARAVAL, *Sermones sobre el Cantar de los Cantares*, nº 79, pp. 980-981.

[21] «Proinde cavebo deinceps, quam solicite potero, duritiam cordis; sentiem et plangam dolorem meum, ne, si forte insensibile fuerit, sit etiam insanabile vulnus meum». BERNARDO DE CLARAVAL, *Sermones varios*, nº 20, 5, pp. 178-179.

[22] «Porro iustum divinae ultoris iudicium est, ut fugitivum patris filium alter sibi usurpet in servum». BERNARDO DE CLARAVAL, *Sermones varios*, nº 8, 3, pp. 98-99.

Conócete a ti mismo: este es el primer paso que ha de dar todo auténtico filósofo, y sin esto nada vale nada. Conócete a ti mismo: sin este esfuerzo, de nada valen los demás. Este conocimiento de nosotros mismos, inevitablemente, nos confrontará con la Verdad que nos habita y nos apela, con el Bien que nos pide acción comprometida, con el Amor que nos invita a amar, y nos mostrará, inevitablemente, lo que no queremos ver, pues nos humilla: nuestra debilidad, nuestra falta de compromiso, nuestra falta de valor, de constancia y lealtad. Este conocimiento, en definitiva, nos forzará a humillarnos, agradecidos, o a rebelarnos y huir, dolidos. Y es aquí donde se pone de manifiesto el fondo profundamente socrático de esta filosofía. Que Dios me conceda no tanto conocer cosas sino conocerme a mí mismo será lo que pedirá san Bernardo, siguiendo en esto a san Agustín.

«*Noverim me, noverim Te*», decía la gran autoridad del medievo en los *Soliloquios*,[23] y en esta línea se mueve Bernardo. El conocimiento propio se presenta como un paso hacia el conocimiento de Dios, y es que, «Si no te conoces a ti mismo [si haces oídos sordos a quien te llama, volcado en el mundo], no tendrás ni temor de Dios ni humildad».[24]

Conocimiento de uno mismo, temor de Dios y humildad, aquí está la clave de la conversión a la filosofía para lo mejor de la tradición socrática. No basta con conocerse, con ver nuestra condición; es necesaria una respuesta, y ha de ser humilde. Sin humildad no es posible, ni tan siquiera, el reconocimiento de la verdad como tal, como gracia, y es que el humilde es el que, humillado ante la verdad, lejos de revolverse contra ella, dolido, abrumado, da gracias, tal y como mostró Agustín en sus *Confesiones*.

La cuestión es extremadamente grave y por ello Bernardo, quien se ve en la responsabilidad de abordar con el mayor rigor aquello que no ha de pasarse por alto, en línea con san Benito de Nursia, distinguirá grados de soberbia y, por tanto, de humildad.

Los grados de soberbia serían los siguientes, de menor a mayor: curiosidad, ligereza de espíritu, alegría tonta, jactancia, singularidad, arrogancia, presunción, la excusa de los pecados, la confesión fingida, la rebelión, libertad de pecar y la costumbre de pecar. Y, naturalmente, cuanto más alto sea el grado de soberbia, más lejos estaremos de la Verdad; más insensibles a su llamada, sordos, incapaces de, en verdad, aprender.

Es la humildad, en cambio, la que nos permite alcanzar el primer grado de reconocimiento de la Verdad (docta ignorancia), que no es otro que el reconocimiento de nuestra condición, pecadora diría la tradición cristiana, en tanto que alejados del Bien y la Verdad, necesitados de gracia, de luz diría un platónico; y agraciada, en tanto que apelada, invitada a amar, a salir de sí; iluminada.

---

[23] Agustín de Hipona, *Soliloquios* II, 1, 1. En: *Obras completas de San Agustín* (I). Madrid: B.A.C, 1994, p. 472.

[24] «Nam si ignoras te, non habebis timorem Dei in te, non humilitatem». Bernardo de Claraval, *Sermones sobre el Cantar de los Cantares*, nº 36, IV, 7, pp. 524-525.

El segundo grado de aproximación a la Verdad es la caridad, que es verdadera conversión del corazón, que deja de estar vuelto sobre uno mismo y se abre a lo otro que él, dándose: a Dios (Verdad, Bien, Amor) y al prójimo.

Es clave comprender que el conocimiento de uno mismo, entiende Bernardo, previene del exceso de estima, pero también del menosprecio de uno mismo, pues se descubre uno amado y, asimismo, capaz de amar. Y este es un punto de enorme gravedad, pues, de no ser así, saber no sería otra cosa que poder.

«Además del temor y del ansia de poder —afirma— anida en el hombre el amor. Nada como él lo atrae irresistiblemente».[25] No podemos negar que el miedo y la codicia, el temor y el ansia de poder, el rechazo del dolor y la búsqueda del placer, son motores de nuestras acciones, anidan en nosotros. Hemos de reconocerlo. Pero, si estos fuesen en verdad los motores de nuestra acción, irremediablemente, si nuestro anhelo no pudiese orientarse más que hacia el placer, si tuviesen razón un Antifonte o un Calicles, crecer en saber no sería sino acumular poder. Como sabemos, la tesis de Bernardo está muy lejos de la defendida por los sofistas de todos los tiempos. La tesis de Bernardo es una tesis esperanzada, mantiene que conociéndonos a nosotros mismos nos descubrimos habitados por Dios mismo, por un Dios que es amor y nos ama graciosamente; que nos llama, nos invita, a convertir nuestro corazón a la Verdad y al Bien.

No somos un animal más, de entre los maravillosos animales que pueblan asombrosamente la tierra, no estamos condenados a guiarnos siempre por el miedo y la codicia, como afirmaban, tal y como nos los presenta Platón en *República* o en *Gorgias*, los sofistas; a triunfar o sucumbir en lucha violenta frente a quien amenaza con arrebatarnos nuestro poder, a ser amo o esclavo.

Dirá Bernardo en uno de sus sermones, el 45, sobre, precisamente, el conocido como libro del amor, el *Cantar de los Cantares*:

> La hermosura del esposo [Dios mismo] no es sino su amor, tanto más cuanto que es anterior a todo. Por eso exclama [el alma, la enamorada, la amada] con toda la fuerza de sus entrañas y con la voz más penetrante de sus afectos que está dispuesta a amarlo, porque lo siente más como amante que como amado. Así pues, las palabras del Verbo son infusión de una gracia y la respuesta del alma es admiración con acción de gracias. [El alma (esposa)] ama más cuanto más vencida se siente por el amor; se admira más cuanto más se ha anticipado ese amor. Por eso no se contenta con llamarlo una sola vez "hermoso"; necesita añadir que es "bello", manifestando así que su belleza es extraordinaria.[26]

---

[25] «Inest homini non solum timor et cupiditas, sed et amor, nec quidquam in eo vehementius ad trahendum». Bernardo de Claraval, *Sermones* varios, nº 29, 3, pp. 244-245.

[26] «Siquidem pulchritudo illius dilectio eius, et ideo maior, quia praeveniens. Medullis proinde cordis et intimarum vocibus afectionum tanto amplius atque ardentius clamitat sibi diligendum, quanto id prius sensit diligens quam dilectum. Itaque locutio Verbi infusio doni, responsio animae cum gratiarum actione admiratio. Et idcirco plus diligit,

Si no es posible el Amor, más allá del propio interés, del instinto, del miedo y de la codicia, no lo serán ni la Verdad, ni el Bien, ni la Belleza, ni, en definitiva, nada de cuanto habría movido a Sócrates a hacer lo que hizo.

Platón, en su diálogo *República*, al terminar de narrar la historia del hombre en su estado de caída, en la caverna, había escrito que: «así como el ojo no puede volverse hacia la luz y dejar las tinieblas si no gira todo el cuerpo, del mismo modo hay que volverse desde lo que tiene génesis, con toda el alma, hasta que llegue a ser capaz de soportar la contemplación de lo que es, y lo más luminoso de lo que es, que es lo que llamamos el Bien».[27] Había descrito la necesidad de conversión a la filosofía, y es esta misma idea la que recoge de un modo extraordinario Bernardo, quien escribe en su obra *Libro sobre el amor a Dios*:

> hay quienes alaban a Dios porque es poderoso, otros porque es bueno con ellos, y otros porque es bueno en sí mismo. Los primeros son esclavos y están llenos de temor. Los segundos son asalariados y les domina la codicia. Los terceros son hijos de Dios y honran a su padre. Los que temen y codician solo se miran a sí mismos. El amor del hijo, en cambio, no mira su propio interés. Pienso que a este se refiere la Escritura: La ley del Señor es perfecta y convierte a las almas. Porque es la única capaz de arrancar al alma del amor de sí misma y del mundo y volverla hacia Dios.[28]

Como vimos anteriormente, sin amor, sin caridad, no hay realmente acceso a la Verdad, «la ley del siervo es el temor que le invade, la del asalariado es la codicia que le domina, atrae y distrae. Ninguna de estas leyes es pura y capaz de convertir a las almas. El amor (caridad), en cambio, convierte a las almas y las hace además libres».[29]

Bernardo se enfrenta directamente a la tesis defendida por el sofista y expresada con claridad y dureza en el diálogo *República*, cuando decía: «demos tanto al justo como al injusto el poder de hacer lo que cada uno de ellos quiere, y a continuación sigámoslos para observar adónde conduce a cada uno el deseo. Entonces sorprenderemos al justo

quo se sensit in diligendo victa; et ideo plus miratur, quod praeventam agnoscit. Unde non contenta est semel dicere "pulchrum", nisi repeat et "decorum", eminentiam decoris illa repetitione designans». Bernardo de Claraval, *Sermones sobre el Cantar de los Cantares*, nº 45, V, 8, pp. 604-605.

[27] Platón, *República*, 518c-d. En: *Diálogos* (IV). Madrid: Gredos, 1992, p. 343.

[28] «Est qui confitetur Domino quoniam potens est, et est qui confitetur quoniam sibi bonus est, et ítem qui confitetur quoniam simpliciter bonus est. Primus servus est, et timet sibi; secundus mercenarius, et cupit sibi; tertius filius, et defert patri. Itaque et qui timet, et qui cupit, uterque pro se agunt. Sola quae in filio est caritas, non quaerit quae sua sunt. Quamobrem puto de illa dictum: *Lex Domini inmaculata, convertens animas*, quod sola videlicet sit, quae ab amore sui et mundo avertere possit animum et in Deum dirigere». Bernardo de Claraval, *Libro sobre el amor a Dios*, XII, 34. En: *Obras completas de San Bernardo* (I). Madrid: B.A.C., 1983, pp. 348-349. En adelante esta obra la citaré del siguiente modo: Bernardo de Claraval, *Libro sobre el amor a Dios...*

[29] «Sit itaque servo sua lex, timor ipse quo constringitur; sit sua mercenario cupiditas, qua et ipse arctatur, quando tentaur abstarctus et intellectus. Sed harum nulla, aut sine macula est, aut animas convertere potest. Caritas vero convertit animas, quas facit et voluntarias». Bernardo de Claraval, *Libro sobre el amor a Dios*, XII, 34, pp. 250-351.

tomando el mismo camino que el injusto, movido por la codicia, lo que toda criatura persigue por naturaleza como un bien, pero que por convención es violentamente desplazado hacia el respeto a la igualdad».[30]

Reconocidas nuestra condición, nuestra miseria y nuestra grandeza, en tanto que amados invitados a amar, amando, entregándonos, podemos alcanzar el tercer grado de conocimiento de la Verdad, la verdadera contemplación, sabiduría, a la que aspira el auténtico filósofo. Punto culminante del conocimiento humano, éxtasis, entrega y unión a la Verdad, al Bien, a Dios y con Dios por amor, verdadera sabiduría en la que nuestro conocer coincide con nuestro amar y nuestro ser.

«No se entra en la verdad si no es por la caridad», había dicho san Agustín,[31] «Solo la caridad sana el afecto», dirá san Buenaventura,[32] «Uno solo se pierde cuando se aleja de la caridad», añadirá Pascal.[33]

Para nuestro pensador no puede escindirse, en verdad, el conocimiento del amor. La ciencia, sin amor, hincha, ensoberbece, ofusca, ciega... «La instrucción crea doctos, el afecto, sabios»,[34] «el sabor se percibe en el paladar, y en el corazón la sabiduría».[35]

Ahora bien, Bernardo comprende que también en el amor, y por tanto en el conocimiento, hay grados. Que no se llega de modo súbito e inmediato al grado mayor de entrega, de desprendimiento, a la vivencia plena de la caridad, a ser semejanza divina.

> Porque somos carnales y nacemos de la concupiscencia de la carne, es necesario que el apetito o amor propio comience por la carne. [Es natural que nos preocupemos por no sufrir, no pasar hambre, sed, frío...; en definitiva, que miremos por nuestro bienestar físico]. Pero la carne misma, en el hombre, si va por el recto camino, progresando con la ayuda de la gracia por sus propios grados, acabará finalmente en el espíritu: porque no es primero lo espiritual, sino primero lo animal y después lo espiritual; y es necesario que primero llevemos la imagen del hombre terrestre y después la del celestial. [Lo que nos eleva de condición, lo que nos libera del miedo y la codicia que reinan en la naturaleza, lo que hace de nuestra carne espíritu es la irrenunciable relación que guardamos con quien graciosamente nos habita, donándose. Y, ciertamente, ser capaz de sobreponerse a las li-

---

30 Platón, *República*, 359c. En: *Diálogos* (IV). Madrid: Gredos, 1992, 107.

31 «Quia non intratur in veritatem nisi per caritatem». Agustín de Hipona, *Réplica a Fausto el maniqueo*, XXXII, 18. En: *Obras de San Agustín* (XXXI). Madrid: B.A.C., 1993, p. 743.

32 «Notandum autem, quod sola caritas sant affectum». Buenaventura de Bagnoregio, *Colaciones sobre el Hexaémeron*, VII, 14. En: *Obras de San Buenaventura* (III). Madrid: B.A.C., 1947, pp. 328-329.

33 Blaise Pascal, *Tratados de la desesperación.* Gonzalo Torné (ed.). Paracuellos del Jarama: Hermida Editores, 2016, p. 105.

34 «Instructio doctos reddit, affectio sapientes». Bernardo de Claraval, *Sermones sobre el Cantar de los Cantares*, nº 23, V, 14, pp. 336-337.

35 «Sapor in palato, in corde est sapientia». Bernardo de Claraval, *Sermones sobre el Cantar de los Cantares*, nº 28, III, 8, pp. 414-415.

mitaciones o a las demandas del cuerpo, de nuestra condición animal, supone un elevarse sobre la naturaleza, un abrir nuestra carne a su condición espiritual]. Así, pues, primero se ama el hombre a sí mismo; es carne y no puede gustar otra cosa que la carne. Cuando ve que no puede subsistir por sí mismo, empieza por la fe a buscar y amar a Dios, porque le es necesario. [Y es que al hombre no le basta con comer, beber, dormir...; no le basta con estar cerrado sobre sí mismo; lo quiera o no, está abierto a lo que le trasciende como alteridad radical, a lo que se le dona como verdad, sentido, belleza, amor...]. Por tanto, en el segundo grado ama a Dios, mas no por Él, sino por sí mismo. Pero cuando, por ocasión de la propia necesidad, empieza a honrarle y frecuentarle meditando, leyendo, orando, obedeciendo, en virtud de esta familiaridad, empieza poco a poco a conocer a Dios y, por consiguiente, a gustarle: y así, gustando cuán suave es el Señor, pasa al tercer grado de suerte que ame a Dios no ya solamente por sí mismo, sino también por Él. [Y esta es la verdadera conversión del corazón]. En este grado se estabiliza el hombre y no sé si alguno ha logrado alcanzar el cuarto en esta vida perfecta, de manera que el hombre —en estado de auténtica y plena libertad— se ame únicamente a sí mismo por Dios. Si alguno lo ha experimentado, afírmelo; a mí, lo confieso, me parece imposible.[36]

Los grados del amor son grados de apertura y desprendimiento; hasta la entrega y disposición plenas, en las que el hombre halla la máxima libertad, liberándose de las cadenas que no le permitían conocer. Los grados del amor son los grados por los que pasamos de ser imagen a ser semejanza divina; pues Dios es amor, y asemejarse a Dios es crecer en amor.

Bernardo defiende con ardor que ser *capax Dei* es ser capaz de amar. Y el ser humano, aun caído, en la caverna, como *Viator*, es imagen de Dios, es decir, es capaz de amar, puede querer el Bien, comprometerse con la Verdad. Y así, de nuevo, como en Agustín, el querer de la voluntad y la libertad de esta se convierten en asuntos clave. Porque nadie puede querer por uno mismo.

Decía Agustín que no veía que podía llamar suyo si no era suyo el querer por el que quería o no quería, y este asunto es de enorme importancia. En torno a él escribió su *Tratado sobre el libre albedrío*, y sobre esta misma cuestión volverán sus entusiastas lectores. Pues, al fin y al cabo, si no somos nosotros los que queremos o no lo que de-

[36] «Verumtamen quia carnales sumus, et de carnis concupiscentia nascimus, necesse est cupiditas vel amor noster a carne incipiat, quae si recto ordine dirigitur, quibusdam suis gradibus duce gratia proficiens, spiritu tándem consummabitur, quia *non prius quod spirituale, sed quod animale, deinde quod* spirituale, et prius necesse est portemus imaginem terrestres, deinde caelestis. In primis ergo diligit seipsum homo propter se. Caro quippe est, et nil sapere valet praeter quasi necessarium incipit per fidem inquirere et diligere. Diligit itaque in secundo gradu Deum, sed propter se, non propter ipsum. At vero cum ipsum coeperit occasione propriae necessitatis colere et frequentare cogitando, legendo, orando, oboediendo, quadam huiucemodi familiaritate paulatim sensimque Deus innotescit, consequenter et dulcescit; et sic gustato quam suavis est Dominus, transit at tertium gradum, ut diligat Deum non iam propter se, sed propter ipsum. Sane in hoc gradu statur, et nescio si a quoquam hominum quartus in hac vita perfecte apprehenditur, ut se scilicet homo diligat tantum propter Deum. Asserant hoc, si qui experti sunt; mihi, fateor, impossibile videtur». BERNARDO DE CLARAVAL, «Carta 11. A los cartujos y a su prior Guido». En: *Obras completas de San Bernardo* (VII). Madrid: B.A.C., 2003, p. 141.

cidimos hacer, ninguna de nuestras acciones nos pertenece realmente, o mejor expresado, ninguna de nuestras decisiones y ninguna de nuestras acciones nos define, nos constituye, nos hace ser quienes somos.

Así pues, para Bernardo es clave señalar que, si bien es cierto que, si Dios no nos amase, nos llamase, nos apelase, no podríamos liberarnos de las cadenas del miedo y la codicia; no podríamos amar, salir de nosotros mismos por lo otro que nosotros, y solo por ello; lo cierto es que somos cada uno de nosotros los que hemos de decidirnos por confiar, esperar y amar.

«Dios es el autor de la salvación, y el libre albedrío pura capacidad de salvación. Solo Dios puede darlo, y solo el libre albedrío puede recibirlo. Si depende exclusivamente de Dios y del libre albedrío, necesita el consentimiento de quien la recibe y la liberalidad de quien la otorga», «Consentir es salvarse».[37]

Es necesario, por tanto, que haya lo que este monje cisterciense llama consentimiento voluntario, entendido como una facultad del alma que la hace dueña de sí misma, que procede de la voluntad y no de la necesidad.

> Tanto si rehúsa como si accede —afirma— lo hace por propia voluntad. Si se le obliga a hacer algo a pesar suyo, ya no es voluntario, sino violento. Donde falta la voluntad no existe el consentimiento. Porque el consentimiento es siempre voluntario. Y donde hay consentimiento hay voluntad, ya que voluntad y libertad van juntas. Eso es lo que yo entiendo por libre albedrío.[38]

El ser humano es el ser capaz de consentir a la llamada de Dios, que le habita, al requerimiento del Bien, de la Verdad. Y solo si se da ese consentimiento se aprende en verdad. Nadie aprende, progresa hacia la verdad, si no es porque quiere; confía en ella, espera de ella y se ofrece, se dispone a ser transformado, trastornado por ella.

Es, por tanto, el consentimiento de la voluntad libre y espontánea el que nos hace verdaderos filósofos u orgullosos sofistas, dichosos o desdichados, y es a este consentimiento que procede de la voluntad libre y del juicio de la razón, a lo que llama Bernardo libre albedrío.

Enmendando a Aristóteles dirá el monje cisterciense: «Tenemos, pues, en común

---

[37] «Deus auctor salutis est, liberum arbitrium tantum capax: nec dare illam nisi Deus, nec capere valet nisi liberum arbitrium. Quod ergo a solo Deo et soli datur Liberio arbitrio, tam absque consensu ese non potest accipientis, quam absque gratia dantis. Et ita gratiae operanti salutem cooperari dicitur liberum arbitrium, dum consentit, hoc est dum salvatur. Consentire enim salvari est». Bernardo de Claraval, *Libro sobre la gracia y el libre albedrío.* I, 2. En: *Obras completas de San Bernardo* I. Madrid: B.A.C., 1983, pp. 430-431. En adelante esta obra la citaré del siguiente modo: Bernardo de Claraval, *Sobre la gracia y el libre albedrío...*

[38] «Nec negat se, nec praebet cuiquam, nisi ex voluntate. Alioquin si compelli valet invitus, violentus est, non voluntarius. Ubi autem voluntas non est, nec consensus. Non enim est consensus, nisi voluntarius. Ubi ergo consensus, ibi voluntas. Porro ubi voluntas, ibi libertas. Et hoc est quod dici puto liberum arbitrium». Bernardo de Claraval, *Sobre la gracia y el libre albedrío*, I, 2, pp. 432-433.

con los árboles la vida, con los animales los sentidos y el apetito junto a la vida. Pero la voluntad —libre— nos diferencia de todos ellos».[39]

Ahora bien, el asunto no es tan sencillo. Aun teniendo libre albedrío, la capacidad de querer libremente, de ser los dueños de nosotros mismos en tanto que queremos nuestro querer, ningún ser humano es plenamente libre, es decir, todo ser humano habita la caverna platónica, encadenado, y necesita liberarse de las cadenas para llegar a ser aquello que está llamado a ser: sabio, feliz, libre, divino.

Si nos hubiésemos liberado de las cadenas, de modo que, viendo el Bien, la Verdad, los quisiésemos y actuásemos siempre en consonancia con ellos, de modo que ni el temor ni la codicia pesasen sobre nosotros, tendríamos lo que llama Bernardo libertad sobre el pecado; pero nadie puede gloriarse de tener esta libertad mientras habita en la tierra; esta libertad no es lo mismo que el libre albedrío, que no es sino libertad sobre la coacción, sobre la necesidad que rige la naturaleza. Y si nos hubiésemos liberado del peso de nuestra finitud, del dolor, del hambre, del sufrimiento, de la muerte, alcanzaríamos libertad sobre nuestra debilidad, sobre la miseria que implica el peso de la muerte sobre nuestras vidas, caducas, pasajeras, devinientes. Pero tampoco de esta disfrutamos en esta vida. La libertad sobre la coacción nos hace, pues, superiores a los animales, por la libertad sobre el pecado dominaríamos la carne y con la libertad sobre la miseria dominaríamos la muerte, afirmará Bernardo.[40]

El sabio es el hombre plenamente libre; liberado del miedo y la ignorancia. Pero ser plenamente libre no es meramente haberse liberado de las cadenas que dificultan la acción, sino actuar en consecuencia. En efecto, si bien es cierto que, gracias al albedrío, libre, somos capaces de sobreponernos a las leyes que de modo necesario rigen el devenir de la naturaleza y juzgar sobre lo que es o no es lícito (sobre la Verdad, el Bien), una cosa es juzgar, una cosa es reconocer la verdad y decidir cómo actuar respecto de ella, y otra cosa es deliberar, es decir, tal y como Bernardo lo entiende, considerar que la Verdad reconocida como tal nos conviene, y por tanto abrazarla, comprometernos con ella. Podemos juzgar algo como bueno y, aun así, no quererlo; podemos actuar así y, de hecho, actuamos así. Pero esto solo denota que no nos hemos liberado completamente de las cadenas con que nos mantenemos míseramente aferrados a la caverna. Y aún más, incluso puede ocurrir que reconozcamos la Verdad, decidamos comprometernos con ella, lo hagamos y no nos sintamos complacidos por ello; es decir, por asombroso

---

[39] «Communem itaque habentes vitam quidem cum arboribus, sensum vero et appetitum et aeque vitam cum arboribus, id quod dicitur voluntas nos ab utrisque discernit». BERNARDO DE CLARAVAL, *Sobre la gracia y el libre albedrío* (II), 4, pp. 434-435.

[40] «Cum igitur, prout interim potuit occurrere nobis, triplex sit proposita libertas, a peccato, a miseria, a neccesitate, hanc ultimo loco positam contulit nobis in conditione natura, in primam restauramur a gratia, media nobis reservatur in patria». BERNARDO DE CLARAVAL, *Sobre la gracia y el libre albedrío*, III, 7, pp. 438-439.

que parezca, que la Verdad no nos complazca, no nos agrade (una muestra más de nuestra falta de libertad plena, de nuestro triste encadenamiento).

> Es imposible saborear la verdad y tener capacidad plena para practicarla si al libre albedrío no le acompañan las dos cosas arriba mencionadas, es decir, libertad de deliberación y libertad de complacencia. Pero, ¿quién hay entre los mortales tan perfecto que pueda gloriarse de ello?, ¿dónde y cuándo podemos conseguirlo?, ¿acaso en esta vida?[41]

Para san Bernardo, todos nosotros, como imagen de Dios, capaces de responder a su llamada, llamada a amar, a realizarnos plenamente en el amor siendo semejanza divina, lejos de ser sabios no estamos sino en camino, *Homo Viator*.

El camino hacia la sabiduría es un camino de confianza, de acogida y de liberación. De confianza en el amor que es Dios, de acogida de ese amor que se nos dona, y de entrega agradecida y gozosa. El que no sabe que no sabe, encadenado, sordo, ciego, vive alienado, cerrado sobre sí. La dureza del corazón es la ceguera de la razón. La belleza del mundo, el sentido que, oculto, late en todo, es un maravilloso don, esperando a ser gozado, saboreado por el que, sobrecogido, agradece. Toda investigación, todo precioso momento dedicado a la enseñanza, al aprendizaje, es encuentro, es apertura, escucha y entrega. Orar, agradecer y alabar, es iniciar el camino.

«Este mundo sensible es como un libro abierto a todos y sujeto por una cadena, para que quien lo desee lea en él la sabiduría de Dios».[42]

> Aquí habla siempre el amor, y el que desee enterarse de su lectura, que ame. De lo contrario, el que no ama, se dispondrá en vano a escuchar o leer este poema de amor. Un corazón frívolo no puede en modo alguno percibir estas ardientes palabras. Así como ignorando el griego no se puede entender al que habla en ese idioma, o un no latino no comprende al que habla en latín, y así en los demás casos, de la misma manera el idioma del amor, inculto para el que no ama, sonará como una campana ruidosa o como unos platillos estridentes.[43]

---

[41] «Nam verum sapere aut plenum posse omnino non inveniuntur, nisi ubi libero arbitrio iam duo coniuncta sunt. Solum profecto dixerim vere sapientem pleneque potentem, cui iam non tantum velle adiacet ex libero arbitrio, sed ex reliquis quoque duobus invenit et perficere, dum nec velle valeat quod malum sit, nec acrere quod velit, quorum alterum est ex libertate consilii, verum sapere, alterum ex libertate complaciti, plenum posse. Sed quis talis ac tantus est in hominibus, qui in hoc glorietur?». BERNARDO DE CLARAVAL, *Sobre la gracia y el libre albedrío*, VI, 20, pp. 454-455.

[42] «Et es velut comunis quídam liber et catena ligatus sesibilis mundus iste ut in eo sapientiam Dei legat quicumque voluerit». BERNARDO DE CLARAVAL, *Sermones varios*, nº 9, 1, pp. 106-107.

[43] «Amor ubique loquitur; et si quis horum quae leguntur cupit notitiam adipisci, amet. Alioquin frustra ad audiendum legandumve amoris carmen, qui non amat, accedit: quoniam omnino non potest capere ignitum eloquium frigidum pectus. Quomodo enim graece loquentem non intelligit qui graece non novit, nec latine loquentem qui latinus non est, et ita de ceteris, sic lingua amoris ei qui non amat barbara erit, erit sicut aes sonans aut cymbalum tinniens». BERNARDO DE CLARAVAL, *Sermones sobre el Cantar de los Cantares*, nº 79, pp. 982-983.

## Referencias bibliográficas


AGUSTÍN DE HIPONA, *Réplica a Fausto el maniqueo.* En: *Obras completas de San Agustín* (XXXI). Madrid: B.A.C., 1993.

AGUSTÍN DE HIPONA, *Soliloquios.* En: *Obras completas de San Agustín* (I). Madrid: B.A.C., 1994.

AGUSTÍN DE HIPONA, *Ciudad de Dios.* En: *Obras completas de San Agustín* (XVI). Madrid: B.A.C., 2004.

ANSELMO DE CANTERBURY, *Oración a San Juan Bautista.* En: *Obras completas de San Anselmo* (II). Madrid: B.A.C., 2009.

BACIGALUPO, Luis E., «Bernardo contra Abelardo: Moral y Política en el siglo XII». *Estudios de Filosofía* [Lima], 2, 1991, pp. 71-74.

BELTRÁN, Óscar, «El concilio de Sens: un episodio del siglo XII». *Studium. Filosofía y Teología* [San Miguel de Tucumán], 34, 2014, pp. 285-311.

BERNARDO DE CLARAVAL, *Carta al papa Inocencio II – Errores de Pedro Abelardo.* En: *Obras completas de San Bernardo* (VII). Madrid: B.A.C., 1975.

BERNARDO DE CLARAVAL, *Sermones sobre el Cantar de los Cantares.* En: *Obras completas de San Bernardo* (V). Madrid: B.A.C., 1987.

BERNARDO DE CLARAVAL, *Sermones varios.* En: *Obras completas de San Bernardo* (VI). Madrid: B.A.C., 1988.

BERNARDO DE CLARAVAL, *Libro sobre la gracia y el libre albedrío.* En: *Obras completas de San Bernardo* (I). Madrid: B.A.C., 1993.

BERNARDO DE CLARAVAL, *Libro sobre el amor a Dios.* En: *Obras completas de San Bernardo* (I). Madrid: B.A.C., 1993.

BERNARDO DE CLARAVAL, *Sermón a los clérigos sobre la conversión.* En: *Obras completas de San Bernardo* (I). Madrid: B.A.C., 1993.

BERNARDO DE CLARAVAL, «Carta 1. A los cartujos y a su prior Guido». En: *Obras completas de San Bernardo* (VII). Madrid: B.A.C., 1993.

BUENAVENTURA DE BAGNOREGIO, *Colaciones sobre el Hexaémeron.* En: *Obras de San Buenaventura* (III). Madrid: B.A.C., 1947.

JAKUBECKI, Natalia, «El *Scito te ipsum* de Pedro Abelardo frente al socratismo cristiano». *Daimon. Revista internacional de filosofía* [Murcia], 88, 2013, pp. 81-95.

KURI CAMACHO, Ramón, «Los espacios de la fe y de la razón: San Bernardo contra Pedro Abelardo». *Medievalia* [México, D. F.], 24, 1996, pp. 20-30.

LASSERRE, Pedro, *Abelardo contra San Bernardo. Un conflicto religioso en el siglo XII.* Buenos Aires: Editorial Nova, 1944.

PASCAL, Blaise, *Tratados de la desesperación.* Gonzalo Torné (ed.). Paracuellos del Jarama: Hermida Editores, 2016.

PLATÓN, *La defensa de Sócrates.* Salamanca: Sígueme, 2005.

PLATÓN, *República.* En: *Diálogos* (IV). Madrid: Gredos, 1992.

RAÑA DAFONTE, César, *Abelardo.* Madrid: Ediciones del Orto, 1998.


Ignacio VERDÚ BERGANZA

# THOMAS HOBBES I LA INCERTA NATURALESA HUMANA

**Roger CASTELLANOS CORBERA**

Universitat de Barcelona
rogercastellanos@ub.edu
Núm. ORCID: 0000-0002-0695-3465

**Josep MONSERRAT MOLAS**

Universitat de Barcelona
jmonserrat@ub.edu
Núm. ORCID: 0000-0002-8597-6138
DOI: 10.60940/comprendrev26n2id431687

Article rebut: 11/03/2024
Article aprovat: 26/09/2024

## Resum

El coneixement de la naturalesa humana prové d'un procés d'inferència basat en l'experiència i, consegüentment, no gaudeix del mateix nivell de certesa que el que prové de l'estricta raó humana. Aquesta incertesa sobre la naturalesa humana tindrà, al seu torn, conseqüències polítiques, en no poder-se obtenir un coneixement demostrable sobre la mateixa. Això implica una limitació intrínseca per a l'acció sobirana a l'hora d'introduir les restriccions necessàries per mantenir la pau. Perquè la impossibilitat de modificar la naturalesa dels individus impedeix assolir la immortalitat artificial de les repúbliques sobiranes.

**Paraules clau:** Thomas Hobbes, ciència, naturalesa humana, escepticisme.

## Thomas Hobbes and the uncertain human nature

## Abstract

Knowledge of human nature is inferred by experience and therefore does not enjoy the same level of certainty as knowledge that is the product of strict human reason. This uncertainty about human nature, in turn, will have political consequences if we cannot obtain demonstrable knowledge about human nature. This is an insurmountable constraint on sovereign action to introduce the necessary restrictions to maintain peace because the impossibility of reforming human nature precludes the artificial immortality of sovereign commonwealths.

**Key words:** Thomas Hobbes, science, human nature, scepticism.

En aquest text analitzarem la concepció de la naturalesa humana segons Hobbes, a partir de l'examen de la seva posició epistèmica, alhora que n'estudiarem una de les principals conseqüències polítiques pel que fa a la inevitable dissolució de les repúbliques sobiranes.[1] La discussió es desenvoluparà per mitjà de tres seccions: a la primera (1. *Contra el mite de l'home llop*) ens distanciarem de la interpretació tradicional segons la qual Hobbes defensaria un pessimisme antropològic, tot advocant per una lectura basada en el seu escepticisme gnoseològic. A la segona secció (2. *El coneixement de la naturalesa humana*) s'exposarà la posició epistèmica hobbesiana, en què el coneixement de la natura, en ser inferit per experiència, no disposa del mateix grau de certesa que el coneixement de la política, perquè aquesta darrera és producte de l'estricta raó humana. La tercera secció (3. *Conseqüències polítiques: la mortalitat de les repúbliques*) explorarà les conseqüències polítiques de l'escepticisme gnoseològic hobbesià, a partir de la descripció dels diversos mecanismes d'immortalitat artificial de les repúbliques, tot argumentant com cap d'aquests mecanismes no reverteix la mortalitat natural del poder sobirà. Finalment, conclourem, d'una banda, que no podem atribuir a Hobbes una concepció unívoca i determinada de la naturalesa humana, ja que aquesta sempre respondrà a una hipòtesi basada en l'experiència; i, d'altra banda, que com a conseqüència d'això no podem assegurar-ne ni la destitució ni la transformació, així com tampoc que les restriccions polítiques sobre la mateixa puguin garantir el manteniment de la pau i la convivència pacífica de manera definitiva i duradora. Considerem, doncs, que la revisió de la interpretació tradicional sobre la concepció de la naturalesa humana en Hobbes, imbricada en la seva posició epistèmica, pot aportar llum a la comprensió de la seva filosofia política.[2]

## 1. Contra el mite de l'home llop

El Mercader no se'n refia pas, de Leònidas. Malgrat que aquest li vulgui assegurar que és perfectament de fiar, el Mercader prefereix lliurar els diners del deute directa-

[1] Una primera exposició del contingut d'aquest article es va presentar al 4t Congrés Internacional Thomas Hobbes «The man according to Hobbes», organitzat per la Hobbes Scholars International Association, el setembre de 2023, a la Facultat de Filosofia de la Universitat de Barcelona.

[2] Les abreviacions que utilitzarem per citar les obres principals de Thomas Hobbes són: *De Cive* (1642): DCv; *Leviathan* (1651): Lev; *Leviathan latinus* (1668): LevL; *De Corpore* (1655): DC; la traducció anglesa del *De Corpore, Concerning Body* (1656): CB; *De Homine* (1658): DH.

ment a Demenet, l'amo. Leònidas s'empipa amb Líban, l'altre esclau, perquè no és prou ferm a l'hora de convèncer el Mercader sobre la seva honestedat, i l'esperona a insultar-lo fins a fer-li perdre els estreps. Finalment, en un intent de reconduir la situació, el Mercader justifica la seva desconfiança a través de les paraules següents: «*lupus est homo homini, non homo, quom qualis sit non novit*».[3] És a dir, és un llop l'home per a l'home, no un home, quan no sap qui és.

Tot i que aquesta cèlebre apotegma sigui atribuïda *vox populi* a Thomas Hobbes, és ben sabut que quan aquest va escriure «*homo homini lupus*» a l'epístola dedicatòria del *De Cive* (1642) —fórmula que, per cert, no reapareix en cap altre passatge de les seves obres— es referia a la *Comèdia dels ases* de Plaute.[4] A més, Hobbes mai no se'n va atribuir l'autoria, sinó que reconeix que es tracta d'un proverbi llatí, o més ben dit, de dos proverbis, ja que la formulació completa és: «*homo homini deus, et homo homini lupus est*»; és a dir, l'home és un déu per a l'home i l'home és un llop per a l'home. Però és que, per torna, n'aclareix el significat tot seguit:

> La primera fa referència a les relacions dels ciutadans entre si; la segona, a les relacions entre les repúbliques. En la justícia i la caritat, virtuts de la pau, els ciutadans mostren certa semblança amb Déu. Però entre les repúbliques, la maldat dels homes dolents obliga els bons a recórrer, per a la seva pròpia protecció, a les virtuts de la guerra, que són la violència i el frau, és a dir, a la naturalesa depredadora de les bèsties.[5]

El fragment és prou eloqüent per fer-nos adonar de seguida que aquí Hobbes no està dient que tots els éssers humans siguin dolents per naturalesa a l'hora d'invocar l'esmentada apotegma i que la restringeix a l'àmbit dels actors polítics suprems. De tot plegat, però, més enllà de la seva falsa atribució a Hobbes, el que resulta més sorprenent és que la fórmula hagi esdevingut un dels elements interpretatius més fecunds en l'estudi de la filosofia política hobbesiana, que, sovint, ha tendit a reduir-se a la defensa d'un absolutisme polític fonamentat en un pessimisme antropològic. Sens dubte, ens trobem davant d'una «mitologia», en el sentit que es tracta d'una (re)interpretació que va més enllà de la intenció manifesta del filòsof de Malmesbury.[6] Heus ací, el *mite de l'home llop*.

---

[3] Plaute, *La comèdia dels ases*. Barcelona: Fundació Bernat Metge, 1934, 4. II, v495.

[4] Una prova clara del bagatge humanístic de Hobbes és la seva elaboració de l'*Old Catalogue* de la *Hardwick Library*, probablement completat l'any 1628. Aquest fons bibliogràfic consisteix en un recurs fonamental per conèixer les fonts de què va beure el filòsof de Malmesbury, tenint en compte l'absència d'un mètode de citacions sistemàtic en la seva obra. Cfr. Raffaella Santi, *Etica della lettura e scrittura filosofica in Thomas Hobbes*. Milà: CEDAM, 2013, pàg. 7-40.

[5] Thomas Hobbes, DCv, Epístola Dedicatòria, pàg. 3-4.

[6] Cfr. Quentin Skinner, *Visions and Politics*. Cambridge: Cambridge University Press, 2002, pàg. 59-79.

Les conseqüències interpretatives d'aquesta mitificació són paleses en innombrables exemples. Tenim, d'una banda, alguns autors que defensen la suposada maldat natural que creuen que Hobbes atribueix als éssers humans apel·lant directament a la formulació *homo homini lupus*,[7] o bé que afirmen just el contrari a partir de la mateixa.[8] D'altra banda, ens trobem amb un gruix important de la literatura crítica que, si bé no redueix la seva interpretació a aquest passatge, sí que sosté en diferent mesura una interpretació basada en un suposat pessimisme antropològic hobbesià. A grans trets, podríem contrastar dues lectures: l'anomenada «lectura estàndard»,[9] que normalment s'ha caracteritzat per una visió egoística de la teoria moral hobbesiana,[10] i la «lectura deontològica» o normativa,[11] que es tracta d'una aproximació alternativa sobre el caràcter moral de la filosofia hobbesiana, que ha anat guanyant pes els darrers temps.[12]

També pel que fa a les causes de la guerra, Jean Hampton apunta dues perspectives diferents: la «perspectiva de la racionalitat», que estableix la desconfiança com la principal causa de conflicte, i la «perspectiva de les passions», que l'identifica amb la com-

[7] Cfr. Ermanno Pavesi, «Thomas Hobbes, teorico dell'assolutismo». *Cultura & Identità* [Roma/Rende], II/8, 2010, pàg. 54-63. Aquest autor, per exemple, afirma: «L'home en l'estat de natura estaria dominat únicament pels instints egoistes, no diferentment dels animals, no seria un ésser polític, un *zòon politikon*, sinó que cada home es comportaria en la confrontació contra tots els altres tan sols com un animal ferotge, un comportament descrit amb la fórmula *homo homini lupus*». *Ibid*, pàg. 55. De manera encara més contundent s'expressa Wiegand, qui considera que «el que s'amaga darrere d'aquesta sentència és una visió antropològica de l'home que dona peu a una teoria política fonamental en el pensament occidental i d'enormes repercussions en altres teories (...)». Augusto Wiegand Cruz, «Hobbes: el absolutismo como consecuencia del pesimismo antropológico». *Revista chilena de derecho y ciencia política* [Temuco], 6, 1, 2015, pàg. 56. Wiegand arriba fins al punt d'arribar a afirmar que «el que és determinant en Hobbes per a la formulació de la seva teoria política no és tant la seva teoria del coneixement, sinó la seva teoria antropològica». *Ibid*, pàg. 59. Aquesta, segons ell, consisteix en una «antropologia pessimista de l'home: la seva "maldat" natural. (...) A partir d'aquesta antropologia, els seus postulats següents són coherents. Si la "naturalesa humana" és tal com la presenta Hobbes, l'Estat absolutista, el monstre "Leviatan", és l'única alternativa duradora per assegurar la pau i els drets individuals». *Ibid*. pàg. 77.

[8] Voisset-Veysseyre: «En el text de Hobbes, el llop apareix com el clàssic exemple en el debat polític amb l'escolàstica. A més, aquesta fórmula fa errònia la lectura d'un model individualista —atomista— per a la fundació de la *commonwealth*; els homes viuen sempre, més o menys, junts en tant que l'estat de natura oposa clans entre clans, així com nacions entre nacions. Els homes no són naturalment germans, però els llops no es devoren entre ells; la formulació hobbesiana del llop pot ser una il·lustració de la fragilitat de l'home de la mateixa manera que significa l'escepticisme o la creença que els éssers humans es veuen sovint privats del coneixement o certesa». Cécile Voisset-Veysseyre, «The Wolf Motif in the Hobbesian Text». *Hobbes Studies* [Leiden], 23, 2010, pàg. 120.

[9] Nagel, 1959 (pàg. 68-83); Gauthier, 1979 (pàg. 547-59); Hampton, 1986; Johnston, 1986; Kavka, 1986.

[10] Cfr. Martin Harvey, «Teasing a Limited Deontological Theory of Morals Out of Hobbes». *The Philosophical Forum* [Boston], 35, 1, 2004, pàg. 35-50.

[11] Cfr. Alfred Edward Taylor, «The Ethical Doctrine of Hobbes», a: Bernard H. Baumrin (ed.), *Hobbes's Leviathan: Interpretation and Criticism*. Belmont: Wadsworth, 1969, pàg. 35-48; Cfr. Howard Warrender, *The Political Philosophy of Hobbes*. Oxford: Clarendon Press, 1957; Cfr. Francis Campbell Hood, *The Divine Politics of Thomas Hobbes*. Oxford: Clarendon Press, 1964; Cfr. Michael Oakeshott, *On Human Conduct*. Oxford: Clarendon Press, 1975; Cfr. Wolfgang Von Leyden, *Hobbes and Locke: The Politics of Freedom and Obligation*. Nova York: St. Martin's, 1982.

[12] Cfr. Gary B. Herbert, «The Non-normative Nature of Hobbesian Natural Law». *Hobbes Studies* [Leiden], vol. 22, 2009, pàg. 3-28.

petició per la glòria.[13] Després, trobaríem la «perspectiva formalista» que defensa McNeilly, en què estableix la rivalitat entre individus racionals pels seus propis interessos.[14] Així mateix, hi ha la «perspectiva monomaníaca» de Roger Paden, que constituiria, com ell mateix addueix, una revisió de la posició de McNeilly.[15]

Deixem ara de banda que en el fons de tota la discussió hi ha un trasllat metafòric des del camp de la 'política internacional' (el comportament de les repúbliques entre si) al d'una 'antropologia social' (el comportament dels homes entre si), però que això darrer no se sustenta en la fórmula *homo homini lupus*. Certament, si ens situem en el mite de l'home llop, en la seva reducció interpretativa més bàsica, i ens apartem consegüentment de la font original de Plaute, semblaria versemblant afirmar que aquesta apotegma reflecteix la posició hobbesiana sobre la desconfiança mútua entre individus: Hobbes afirma en el capítol XIII del *Leviathan* que «de la igualtat procedeix la desconfiança»[16] i que aquesta, al seu torn, condueix a la discòrdia i, en darrera instància, «De la desconfiança, la guerra».[17]

Això es deu al fet que la igualtat natural implica que els éssers humans disposin d'una semblança suficient, pel que fa a les seves facultats físiques i intel·lectuals, perquè un sol individu no es pugui imposar als altres sense lluita. D'aquí se'n desprèn la lògica de *la guerra de tots contra tots*, com una condició d'absència permanent de seguretat que amenaça la pròpia vida i que porta els individus a un desig infinit de possessió per assegurar els seus mitjans de subsistència —àdhuc anticipant-se a l'agressió d'un altre individu—, i en conseqüència, al temor constant a la mort violenta.

Tanmateix, el que defensem en aquest article no és una desconfiança mútua entre éssers humans motivada per una presumpció pessimista de la seva naturalesa (desconfiança que sí que valdria per a Hobbes si tractéssim de repúbliques), sinó com a producte de la incertesa; és a dir, parafrasejant la comèdia de Plaute, diríem que el Mercader no és que desconfiï de Leònidas pel fet que consideri que és naturalment malvat, sinó perquè no el coneix, i és aquest desconeixement el que el condueix a la desconfiança. En altres paraules, no defensarem un pessimisme antropològic en Hobbes, sinó el seu «escepticisme gnoseològic».[18]

Amb tot això, no es pretén anatemitzar la discussió al voltant de la màxima *homo homini lupus*, si és que això fos possible, tenint en compte que el seu arrelament en la

---

[13] Cfr. Jean Hampton, *Hobbes and the Social Contract Tradition.* Cambridge: Cambridge University Press, 1986, pàg. 58-79.

[14] Cfr. Frederic Stewart McNeilly, *The Anatomy of Leviathan.* Nova York: St. Martin's Press, 1968.

[15] Cfr. Roger Paden, «Monomania and the war of all against all». *Philosophia. Philosophical Quarterly of Israel* [Ramat Gan], 27, 1999, pàg. 69-86.

[16] Thomas Hobbes, Lev, XIII, pàg. 190.

[17] *Ibid.*

[18] Raffaella Santi, *Ragione geometrica e legge in Thomas Hobbes.* Milà: CEDAM, 2012, pàg. 45-48.

literatura crítica no és únicament producte de la mitificació de l'home llop, sinó que també respon a una «vacil·lació en els fonaments explicatius»[19] per part de Hobbes, que podríem considerar que n'ha suscitat una «lectura fragmentària i plena de prejudicis».[20] A més, cal tenir present la importància del recurs a l'etologia en la tradició filosòfica, encara que hagi estat també una font de confusions interpretatives,[21] i més concretament a la licantropia.[22] El problema, en tot cas, consisteix en la reducció interpretativa de la filosofia de Hobbes, que ens impedeix abordar-la des d'una panoràmica més àmplia. Per començar, pensem que és imprescindible comprendre la seva posició epistèmica, en relació amb el coneixement de la naturalesa humana, tal com exposarem a en l'apartat següent.

## 2. El coneixement de la naturalesa humana

Hobbes defineix la ciència (o *philosophia*) de diverses maneres i amb una confusa variabilitat semàntica al llarg de la seva obra: en el *Leviathan*, afirma que la ciència és «el coneixement de les conseqüències i dependència d'un fet respecte d'un altre»;[23] en el *De Corpore*, «el coneixement que adquirim mitjançant el vertader raonament de les aparicions o dels efectes aparents, a partir del coneixement que tenim d'una producció o d'una generació possible dels efectes»;[24] o bé, en el *De Homine*: «[*La ciència i la demostració neixen del coneixement de les causes.*] La *ciència* s'entén de la veritat dels teoremes, això és, de les proposicions generals, això és, de la veritat de les conseqüències».[25]

Però, per conèixer les conseqüències, cal no tan sols saber quina és la causa immediata o precedent de l'efecte produït, sinó la seva «causa completa»;[26] és a dir, el conjunt de la cadena causal, des de la primera fins a l'última de les causes que han concorregut en la generació de l'efecte estudiat. Segons Hobbes, el dilema que afrontaria la ciència

---

[19] Jordi Sales, «La qüestió sobre els fonaments de la política». *Anuari de la Societat Catalana de Filosofia* [Barcelona], 1999, pàg. 65.

[20] Bartomeu Forteza, «Empirisme, llenguatge i objectivitat a la filosofia de Thomas Hobbes». *Anuari de la Societat Catalana de Filosofia* [Barcelona], 7, 1995, pàg. 110.

[21] Cfr. Jordi Sales i Josep Monserrat, «"A more political animal than bees". Polity as an intermediate state, as the highest state, or as an agent of stability». *Staté. Studia Neoaristotelica* [České Budějovice], 6, 1, 2009, pàg. 3-14.

[22] Cfr. Cécile Voisset-Veysseyre, *op. cit.*; Cfr. Diego Rossello, «Hobbes and the Wolf-Man: Melancholy and Animality in Modern Sovereignty». *New Literary History* [Baltimore], 43, 2012, pàg. 255-279.

[23] Thomas Hobbes, Lev, V, pàg. 72.

[24] Thomas Hobbes, DC, I. 2, pàg. 12.

[25] Thomas Hobbes, DH, 10.4, pàg. 122. Traducció catalana: Sobre l'home, introducció i traducció de Josep Monserrat, Barcelona: Edicions de la UB: 2022, p. 116. A les referències següents indicarem la paginació de la traducció entre parèntesis.

[26] Thomas Hobbes, *Treatise*, 11, a: Thomas Hobbes i John Bramhall, *Hobbes and Bramhall on Liberty and Necessity*. Cambridge: Cambridge University Press, 1999.

és fins a quin punt i en quin grau podem arribar a conèixer la realitat. Dit d'una altra manera: podem arribar a conèixer les causes de tots els fenòmens del que és real, és a dir, la realitat és cognoscible en la seva totalitat?

La posició hobbesiana al respecte queda ben il·lustrada en el quadre sinòptic del capítol IX del *Leviathan*,[27] on es descriuen les diverses branques de la ciència: d'una banda, «I. Conseqüències dels accidents dels cossos naturals, la qual [ciència] s'anomena FILOSOFIA NATURAL»;[28] i, d'altra banda, «II. Conseqüències dels Accidents dels Cossos Polítics, la qual [ciència] s'anomena POLÍTICA i FILOSOFIA CIVIL».[29] Veiem que Hobbes traça una clara separació entre *natura* i *política*[30] i, alhora, una gradació radical entre l'abast del coneixement d'ambdues dimensions de la realitat:

> Hi ha dues menes de CONEIXEMENT: l'una és el *coneixement del fet*; l'altra, el *coneixement de la conseqüència d'una afirmació a una altra*. La primera no és res més que la sensació i la memòria i és *coneixement absolut*, com quan veiem esdevenir-se un fet o recordem que s'esdevingué. Aquesta és la mena de coneixement que es requereix d'un testimoni. La segona és la que s'anomena *ciència*, i és *condicional*, com quan sabem que *si una figura donada és un cercle, aleshores tota línia recta traçada pel seu centre la dividirà en dues parts iguals*. Aquesta és la mena de coneixement que es requereix d'un filòsof, és a dir, d'algú que pretén raonar.[31]

Així és com Hobbes distingeix en el *Leviathan* entre el coneixement *condicional*, propi de la geometria i de la política, del coneixement *absolut*,[32] que és fruit de l'experiència, també anomenat prudència, la qual «depèn de la molta experiència i memòria de coses similars i de les conseqüències esdevingudes»;[33] cosa que en un altre passatge confirma més rotundament: «Car la prudència no és altra cosa que experiència, sent concedida per igual a tots els homes que viuen durant un temps igual, en aquelles coses que es

---

[27] Thomas HOBBES, Lev, IX, pàg. 130-131.

[28] *Ibid.*, pàg. 131.

[29] *Ibid*, pàg. 131.

[30] Cfr. Josep MONSERRAT, «La fractura del sistema filosòfic de Hobbes: el *De Homine*». *Convivium. Revista de filosofia* [Barcelona], 29/30, 2016-2017, pàg. 111-116.

[31] Thomas HOBBES, Lev, IX, pàg. 124.

[32] Resulta aclaridor l'apunt de D. Jesseph: «És significatiu que quan Hobbes va anomenar "absolut" el coneixement a partir del sentit i la memòria, no va voler dir que fos irrefutable o d'alguna manera perfecte. Més aviat el contrast que va traçar és entre el coneixement que està "separat en posició o relació; independent" i el coneixement que està connectat a o depèn d'altres termes o estipulacions». Douglas JESSEPH, «Scientia in Hobbes», a: Tom SORELL *et al.* (eds.), *Scientia in Early Modern Philosophy. Seventeenth-Century Thinkers on Demostrative Knowledge from First Principles.* Londres & Nova York: Springer, 2010, pàg. 118.

[33] Thomas HOBBES, Lev, VIII, pàg. 108.

poden aplicar a si mateixos».[34] Per tant, d'aquestes definicions se'n desprèn una distinció entre ciència i prudència.

Per la seva banda, en el *De Corpore*, Hobbes fa la distinció entre coneixement demostrable o teorema (propi de la geometria i de la filosofia política i moral) i el coneixement hipotètic (propi de la física o filosofia natural). Aquesta posició epistèmica queda clarament reflectida en el darrer fragment de la part quarta del *De Corpore*:

> I aquí s'ha parlat de la naturalesa del cos en general: que és la primera secció dels Elements de la Filosofia. En la primera [*LOGICA*], segona [*PHILOSOPHIA PRIMA*] i tercera part [*DE RATIONIBUS MOTUUM ET MAGNITUDINUM*] de les quals, on els principis de raonament consisteixen en la nostra comprensió, és a dir, en l'ús legítim dels termes que fem nosaltres mateixos, els teoremes, si no vaig errat, han estat tots legítimament demostrats. La quarta part [*PHYSICA SIVE DE NATURAE PHAENOMENIS*] depèn de les hipòtesis, i per tant, sense saber-ne la veritat, no es pot demostrar que les causes de les coses siguin realment les que hem explicat.[35]

Pel que fa al *De Homine*, Hobbes parteix d'un breu capítol sobre l'origen del gènere humà que conté una succinta aproximació anatòmica, seguit de vuit capítols sobre l'òptica de la visió, que ocuparan més de la meitat l'obra: i, a continuació, de manera no comentada, prosseguirà amb sis breus capítols més que abordaran el discurs i les ciències, l'apetència i l'aversió, les passions, els enginys i els costums, la religió i l'home fictici o persona. Aquesta clara descompensació serà en certa manera admesa per Hobbes mateix en l'epístola dedicatòria, quan s'excusi del fet d'haver reunit els continguts «quasi com un precipici».[36]

Aquesta imatge del precipici il·lustra de manera general la fractura epistèmica entre les dues menes de coneixement d'allò real analitzades,[37] a les quals, en aquesta obra, Hobbes s'hi refereix respectivament per mitjà dels conceptes de ciència *a priori* i ciència

---

[34] Thomas Hobbes, Lev, XIII, pàg. 188.

[35] Text original: «Atque de natura corporis in genere hactenus dictum sit: quae Elementorum Philosophiae Sectio prima est. In cujus partibus prima, secunda, et tertia, ubi principia ratiocinandi consistunt in intelectu nostro, id est, in vocabulorum legitimo usu, quem ipsi facimus, theoremata, ni fallor, omnia legitime demonstrata sunt. Pars quarta dependet ab hypothesibus, et propterea ignorata illarum veritate causes rerum eas revera esse, quas excplicavimus, demonstrari non potest». Thomas Hobbes, DC, IV. XXX, 10, pàg. 353 [OL I, 431]. Cfr. traducció anglesa: «And thus much concerning the nature of body conclusion, in general; with which I conclude this my first section of the Elements of Philosophy. In the first, second, and third parts, where the principles of ratiocination consist in our own understanding, that is to say, in the legitimate use of such words as we ourselves constitute, all the theorems, if I be not deceived, are rightly demonstrated. The fourth part depends upon hypotheses; which unless we know them to be true, it is impossible for us to demonstrate that those causes, which I have there explicated, are the true causes of the things whose productions I have derived from them». Thomas Hobbes, CB, IV. 30, *Conclusion*, pàg. 531.

[36] Thomas Hobbes, DH, Epístola dedicatòria, pàg. 35 (23).

[37] Cfr. Josep Monserrat, «La fractura del sistema filosòfic de Hobbes: el *De Homine*», *op. cit.*, pàg. 101-102; Cfr. Yves Charles Zarka, *La Décision métaphysique de Hobbes. Conditions de la politique.* París: Vrin, 1987.

*a posteriori*: el coneixement condicional o demostrable, del qual en coneixem la causa *a priori* en la mesura que és producte de la raó humana; i el coneixement absolut o hipotètic, del qual en coneixem l'efecte produït *a posteriori*. Vegem com ho expressa en el capítol 10: del *De Homine*.

> [*Els teoremes poden ser demostrats només en aquelles coses les causes de les quals estan sota el nostre poder; en les altres només es pot demostrar que és possible que així siguin.*] Són demostrables, per tant, molts teoremes sobre la quantitat, la ciència dels quals s'anomena geometria. En efecte, com que les causes de les propietats que té cada una de les figures estan en aquelles línies que nosaltres tracem, i com que les generacions de les figures depenen del nostre arbitri, no es requereix res més per conèixer les afectacions pròpies de la figura que considerar totes aquelles coses que se segueixen de la construcció que vàrem fer en dibuixar la figura. I així, pel fet que nosaltres mateixos creem les figures, s'esdevé que tenim la geometria i que és demostrable. Contràriament, puix que les causes de les coses naturals no estan en el nostre poder, sinó en la voluntat divina, i puix que la part més gran d'aquestes coses (evidentment, l'èter) és invisible, no podem deduir-ne les propietats a partir d'unes causes que no veiem. No obstant això, en deduir les conseqüències a partir de les propietats que veiem, ens ha estat concedit que puguem demostrar que tals o tals altres han pogut ser les seves causes. Aquesta demostració s'anomena *a posteriori*, i la ciència mateixa, física. I com que a partir dels fets posteriors no es pot de cap manera avançar cap als fets anteriors raonant sobre les coses naturals, que es produeixen pel moviment, sense el coneixement d'aquelles coses que se segueixen de cada espècie de moviment, ni tampoc cap a les conseqüències del moviment sense el coneixement de la quantitat (que és la geometria), no pot succeir que algunes coses hagin de ser demostrables *a priori* per una demostració física.[38]

D'aquesta manera, d'una banda, tenim una ciència pròpiament dita que és capaç d'obtenir un coneixement condicional sobre l'efecte estudiat, és a dir, que pot formular un teorema que conté una certesa demostrable, en la mesura que es tracta d'una ciència *a priori*, en ser producte de la raó humana o, com diu Douglas Jesseph, un «coneixement del creador».[39] Perquè quan nosaltres mateixos som la causa de l'efecte produït, en tant que creadors, podem conèixer-ne la causa completa, ja sigui en la (re)construcció de la sèrie dimensional d'una figura geomètrica,[40] ja sigui en la demostració de la causa necessària d'una conseqüència de la política, com serien la llei o el govern civil.

D'altra banda, tenim una mena de ciència que és de caràcter hipotètic, que seria pròpiament dita prudència, ja que es basa en l'experiència, i no pot assolir teoremes demostrables, sinó tan sols un coneixement absolut fonamentat en una hipòtesi no absurda. Aquí hi ubicaríem el coneixement sobre tots aquells fenòmens que no són producte de la raó humana i dels quals no en podem extreure una certesa científica atès

---

[38] Thomas Hobbes, DH, X. 5, pàg. 122-123 (116-117).

[39] Douglas Jesseph, «Scientia in Hobbes», *op. cit.*, pàg. 124-15.

[40] Raffaella Santi, *Ragione geometrica e legge in Thomas Hobbes*, *op. cit.*, pàg. 58.

que no podem conèixer-ne la necessitat o el conjunt de la cadena causal. Així és com ho argumenta Hobbes al *Leviathan:*

> (...) com que tot acte de la voluntat de l'home, així com tot desig i inclinació, procedeix d'alguna causa i aquesta d'una altra causa, en una cadena contínua —la primera baula de la qual rau en la mà de Déu, que és la primera de totes les causes—, aquestes procedeixen de la *necessitat.* De manera que aquell que pogués veure la connexió entre aquestes causes, la *necessitat* de totes les accions voluntàries dels homes li seria manifesta. I Déu, per tant, que veu i disposa totes les coses, també veu que a la *llibertat* de l'home de fer allò que vol, l'acompanya la *necessitat* de fer allò que Déu vol, ni més ni menys. Perquè encara que els homes facin moltes coses que Déu no hagi ordenat ni, per tant, no n'és l'autor, tanmateix, no hi ha cap passió ni apetència cap a res, de què la voluntat de Déu no en sigui la causa. I si la seva voluntat no assegurés la *necessitat* de la voluntat de l'home i, conseqüentment, de tot allò que depèn de la voluntat de l'home, la *llibertat* dels homes seria una tensió i un impediment per a l'omnipotència i la *llibertat* de Déu. I això serà suficient —pel que fa al tema en qüestió— sobre aquesta *llibertat* natural, que és l'única que s'anomena pròpiament *llibertat.*[41]

Si situem Déu com la primera de les causes dels fenòmens naturals, i no podem conèixer-ne la voluntat, aleshores no podem obtenir-ne més que una hipòtesi, tractant-se així d'un mètode més inductiu que no pas deductiu.[42] Aquest és l'estatut del coneixement de la natura, del qual en podem obtenir un menor grau de certesa que del coneixement que és producte de l'estricta raó humana, que pot ser reconstruït *geometricum more.*

Així, per exemple, podríem demostrar amb tota certesa que, en efecte, existeix una llei que prohibeix robar en l'ordenament jurídic vigent. I és que podríem recompondre plenament la seva cadena causal, a saber, el dia que la llei va entrar en vigor, el procediment legislatiu que la va promulgar, la deliberació parlamentària prèvia, els partits polítics que hi van donar suport, les eleccions que van compondre l'arc parlamentari, la condició d'elector d'aquell qui va votar, la seva capacitat de discernir entre opcions polítiques, el fet que existeixi un poder sobirà que pugui reconèixer el que és *teu* i el que és *meu*, i conseqüentment establir què és una apropiació indeguda, etc. Al final, si anéssim reculant, causa rere causa, en tant que la llei que prohibeix robar és una llei civil creada per l'ésser humà, la primera de les causes seria la raó humana mateixa. Tal com Hobbes s'expressa en el *De Homine*:

> A més a més, la política i ètica, això és, la ciència del *just* i de l'*injust*, de l'*equitatiu* i de l'*inic*, es poden demostrar *a priori*; ja que els principis mitjançant els quals se sap què són

[41] Thomas Hobbes, Lev, XXI, pàg. 326.

[42] Cfr. Josep Monserrat, *Thomas Hobbes: La fundació de l'Estat Modern.* Barcelona: Gedisa, 2018, pàg. 31; Cfr. Fred Wilson, «Hobbes's Inductive Methodology». *History of Philosophy Quarterly* [Illinois], 13, 2, 1996, pàg. 167-186.

*just* i *equitatiu*, i, per contra, *injust* i *inic*, això és, les causes de la justícia, com ara les lleis i els pactes, els hem fet nosaltres mateixos. En efecte, abans de l'establiment dels pactes i les lleis, no hi havia entre els homes més justícia ni injustícia, ni cap natura de bé ni mal públics, que entre les bèsties.[43]

El problema, però, ens el trobaríem quan ens preguntéssim *per què* es va prohibir robar; és a dir, per què vam considerar que calia establir aquesta prohibició. Aquí, la dificultat seria anar més enllà de la constatació que la raó humana permet introduir tal restricció, ja que si tractéssim d'ultrapassar l'assumpció que som éssers racionals i que disposem de les facultats necessàries per produir un efecte com aquest, ens trobaríem amb tota una altra dimensió del coneixement de la realitat; a saber, *per què som éssers racionals i per què la nostra racionalitat ens porta a prendre tal acció?* En efecte, la cadena causal quedaria estroncada en el moment en què tractéssim d'indagar sobre la nostra pròpia condició natural racional, atès que, encara que sigui la nostra, nosaltres no en som pas els artífexs, sinó allò que anomenem Déu:

La curiositat o l'amor al coneixement de les causes porta un home a cercar la causa partint de la consideració de l'efecte i, una vegada trobada aquella causa, a buscar la causa de la causa i, així, fins que arriba finalment al pensament que hi ha d'haver, per necessitat, alguna causa que no té causa anterior sinó que és eterna; això és el que els homes anomenen Déu. Així doncs, és impossible fer una investigació profunda de les causes naturals sense ser duts a creure que hi ha un Déu etern, encara que no puguin tenir-ne cap idea en la ment que correspongui a la seva naturalesa. En efecte, igual que un cec de naixement, quan escolta altres homes que s'escalfen al foc i és dut davant l'escalfor que aquest produeix, pot concebre fàcilment que allí hi ha quelcom que els homes anomenen *foc* i que és la causa de l'escalfor que ell sent, tanmateix, no pot imaginar com és, ni tenir en la seva ment cap idea com la que en tenen els homes que hi veuen; així també, partint de les coses visibles d'aquest món, i del seu ordre admirable, un home pot concebre que tenen una causa, a la qual els homes anomenen Déu; però no tenen cap idea o imatge seva en la seva ment.[44]

Constatem, doncs, que de la condició natural humana no en podem obtenir més que un coneixement hipotètic que no és plenament demostrable. Això és manifest en la fórmula «*nosce teipsum, llegeix-te tu mateix* (...), que ens ensenya que, per la semblança dels pensaments i passions d'un home als pensaments i passions de tots els altres homes, qualsevol que miri dins seu i consideri què és el que fa quan *pensa, opina, raona, espera, tem,* etc., i sobre quins fonaments, per tant, llegirà i sabrà què són els pensaments i passions de tots els altres homes en ocasions semblants».[45] Això també havia

[43] Thomas Hobbes, DH, X. 5, pàg. 123 (117).

[44] Thomas Hobbes, Lev, XI, pàg. 160.

[45] Thomas Hobbes, «Introducció», pàg. 18.

quedat palès prèviament en l'epístola dedicatòria del *De Cive*, quan Hobbes justificava el fet d'haver publicat la tercera secció o filosofia política abans que les altres parts orgàniques dels *Elementorum Philosophiae*, trencant així l'ordre sistemàtic previst.[46]

A resultes d'aquesta posició epistèmica, com hem apuntat en l'apartat anterior, no es pot parlar en Hobbes d'una concepció unívoca de la naturalesa humana, sinó que aquesta està sumida en la incertesa: no en podem obtenir més que una hipòtesi inferida de l'experiència del nostre present. Perquè si reprenem l'exemple anterior, sobre el fet que sabem que hi ha una llei civil que prohibeix robar, però que no podem determinar amb la mateixa certesa el motiu pel qual vam concebre-la, Hobbes ens insta a aquesta reflexió en el *Leviathan*:

> Pot semblar estrany, per a alguns homes que no hagin mesurat bé aquestes coses, el fet que la naturalesa dissociés i fes que els homes fossin aptes per envair-se i destruir-se els uns als altres; i podria, doncs, en no confiar en aquesta inferència a partir de les passions, desitjar potser que el mateix fos confirmat per l'experiència. Deixem per tant que consideri per si mateix que quan surt de viatge s'arma i tracta d'anar ben acompanyat; quan va a dormir, tanca les seves portes; quan fins i tot és a casa seva, tanca les seves calaixeres; i això quan sap que hi ha lleis i funcionaris públics armats per venjar-se de totes les injúries que puguin cometre's contra ell; quina opinió té dels seus conciutadans, quan cavalca armat; dels seus veïns, quan tanca les seves portes; i dels seus fills i servents, quan tanca les seves calaixeres. És que ell no acusa la humanitat amb les seves accions tant com jo ho faig amb les meves paraules? Però cap de nosaltres acusa la naturalesa dels homes en això. Els desigs i altres passions de l'home no són pecat per si mateixos. Ni tampoc no ho són les accions que procedeixin d'aquelles passions, fins que no coneguin una llei que els ho prohibeixi; que fins que les lleis no són creades no poden ser conegudes; ni cap llei no pot ser creada fins que no s'hagi acordat quina persona la farà. Però per què hauríem d'intentar demostrar als homes doctes el que és conegut fins i tot pels gossos, que de dia borden als visitants desconeguts i, de nit, a tothom?[47]

És a dir, si malgrat que hi hagi una llei que prohibeixi (i que, per tant, castigui) robar, es cometen igualment robatoris, sabem per experiència que més val tancar les portes de casa, per si de cas no ens robin. Aquesta presumpció, doncs, és la que justificaria racionalment l'existència de l'esmentada prohibició legal en el nostre present i, consegüentment, ens permet inferir la hipòtesi que si no existís ni tan sols aquesta prohibició, en condició de mera natura, la situació descrita encara seria més habitual i, per tant, viu-

[46] Heus aquí el problema de la sistematicitat de l'obra filosòfica hobbesiana, que permetrà un procés de maduració pròpia i autònoma a la seva filosofia política, respecte del conjunt del seu projecte de sistema filosòfic. Cfr. Yves Charles Zarka, *Hobbes et la pensée politique moderne*. París: Vrin, 1995; Cfr. Josep Monserrat, «La fractura del sistema filosòfic de Hobbes: el *De Homine*», *op. cit.*; Cfr. Roger Castellanos Corbera, «*De Homine*: "quasi ad præcipitium". L'autonomia de la filosofia política de Thomas Hobbes». *Anuari de la Societat Catalana de Filosofia* [Barcelona], 32, 2021, pàg. 7-26.

[47] Thomas Hobbes, Lev, XIII, pàg. 194.

ríem permanentment amb el temor de ser assaltats i desposseïts per part dels altres. D'aquí també se'n desprèn la hipòtesi del pacte, ja que precisament per evitar viure amb incertesa i temor decidim instituir un poder sobirà que protegeixi el que és de cadascú i castigui aquells que transgredeixin la llei.

Heus aquí la resposta hobbesiana, clarament hipotètica i inferida de l'experiència del moment present, a la pregunta sobre *per què* vam introduir una llei que prohibeixi robar.[48] El fet que la política coneguda s'edifiqui sobre uns fonaments naturals hipotètics, sens dubte, tindrà conseqüències a l'hora d'intentar assegurar el manteniment de les condicions de sobirania en la realitat present. Aquesta qüestió la discernirem en l'apartat següent.

## 3. Conseqüències polítiques: la mortalitat de les repúbliques

A partir del precepte racional segons el qual cal «cercar la pau i *mantenir-la*» (i.e. primera llei natural, a la qual es remeten totes les altres), la hipòtesi del pacte estableix que, a part de la mútua renúncia al dret natural, els individus també transfereixen mútuament els seus drets a una persona artificial que els exerceixi com a autoritat comuna «perquè el seu acord sigui constant i durador».[49] La república sobirana és, doncs, l'artifici que es construeix per tal d'assegurar la convivència pacífica i unitària en la societat civil, el màxim de temps possible, a través dels mecanismes polítics que busquen restringir la condició natural humana per a tal efecte.

Però, tractant-se d'un artifici, en la mesura que és producte de la raó i l'art humanes, la república sobirana és com un «home artificial (...) en el qual la *sobirania* és una *ànima* artificial, com donant vida i moviment a tot el cos»,[50] del qual l'home natural (i.e.

[48] Aquesta posició que s'ha defensat arrela en bona mesura en l'argumentació de C.B. Macpherson. Segons Macpherson, fins al capítol X del *Leviathan*, Hobbes descriu l'home natural d'acord amb les característiques d'una màquina automàtica, i aleshores una mena de salt que passa a descriure les relacions socials, que, en aquest cas, no s'infereixen de l'home natural, sinó de l'home civilitzat que ja conviu en societat. Així, a parer de l'autor, el hiatus existent entre el moviment fisiològic i el moviment social de la humanitat «exigeix almenys un supòsit addicional» que permeti explicar com es genera la confrontació, fruit de l'oposició de la potència de cadascun dels homes, la qual consisteix en un model concret de societat que és específicament la «societat possessiva de mercat». Cfr. Crawford Borugh Macpherson, *The Theory of Possessive Individualism.* Oxford: Oxford University Press, 1962, pàg. 68. I és aquí on se situa la tesi principal de Macpherson sobre la inferència històrica de la condició natural en una societat concreta: «En resum: en els capítols desè i onzè hi trobem la principal transició de l'home-màquina en si mateix a l'home-màquina com a unitat en una sèrie de relacions socials. I en aquests capítols és on esperem trobar-hi aquests postulats nous, explícits o implícits, necessaris per a la deducció de l'estat de natura, i on podem veure en quina mesura tals postulats procedeixen de les relacions observades entre els homes en un tipus específic de societat». *Ibid.*, pàg. 34. Això el condueix a considerar un *recorregut de deducció invers al que es presenta sistemàticament* en l'obra hobbesiana: de la pròpia experiència històrica, Hobbes n'inferiria un home civilitzat, del qual en deduiria les relacions en la condició natural, que es correspondrien, de fet, a la relació entre individus que ja són ciutadans o súbdits i no pas entre homes naturals.

[49] Thomas Hobbes, Lev, XVII, pàg. 260.

[50] *Ibid.*, Introducció, pàg. 13.

el subjecte del pacte) n'és «la *matèria* i l'*artífex*»;[51] i, sent l'home natural un ésser mortal, res del que creï i d'allò de què en sigui component no pot esdevenir immortal, de manera que Hobbes defineix la república com el «*déu mortal* a qui devem, sota el Déu immortal, la nostra pau i defensa».[52]

En aquest sentit, la ciència política ha de proporcionar l'art de construir els mecanismes polítics adequats i el mètode d'estudi dels seus efectes produïts, per tal d'intentar garantir que la mortalitat de la sobirania almenys no es produeixi per *causes internes* que puguin ser previstes i evitades. En altres paraules: el poder sobirà ha de vetllar per assolir una *immortalitat* o *eternitat de vida artificial* de la república que permeti la preservació i el manteniment de la pau tant de temps com sigui possible.[53] Aquests mecanismes d'immortalitat artificial són la *successió del sobirà*,[54] la creació de *bones lleis*, i.e. de lleis *necessàries* i *perspícues*,[55] i *el govern de les doctrines i de les opinions*.[56]

La relació entre la *mortalitat* natural i la *immortalitat* artificial de les repúbliques, doncs, la podem explicar a través d'una doble perspectiva: (*a*) pel que fa als seus components o matèria, és a dir, els homes, que són mortals; (*b*) i en relació amb els seus creadors o artífexs, que poden atendre les regles de la ciència política (així com de la filosofia moral i jurídica) o bé negligir-les. La immortalitat artificial de la república, doncs, tant pel que fa als seus components (*a*), com pel que fa a la seva creació per part dels éssers humans (*b*), sempre es veurà condicionada pels efectes de l'acció humana, sent concebible teòricament, segons l'estudi de la ciència política, però sent aparentment impossible a la pràctica, ateses les limitacions de la pròpia raó humana i la concurrència de les passions i les altres inclinacions naturals que pressionen contra l'obediència i, conseqüentment, contra la preservació de la sobirania.

Perquè el poder sobirà, «com que és mortal i subjecte a la decadència, com ho són tota la resta de criatures de la terra; i com que hi ha aquell al Cel (tot i que no a la Terra) de qui té por i les lleis del qual hauria d'obeir; parlaré en els capítols següents de les seves malalties i de les causes de la seva mortalitat; i quines lleis naturals està obligat a obeir».[57] A més, fins suposant que s'aconseguís sostenir la integritat de les condicions de sobirania durant molt de temps, la seva mortalitat podria acabar produint-se per l'acció d'una república estrangera; car entre repúbliques sobiranes, per manca d'un poder comú, hi regna la condició de guerra.

---

[51] *Ibid.*, Introducció, pàg. 18.

[52] *Ibid.*, XVII, pàg. 260.

[53] Cfr. *Ibid.*, XXIX, pàg. 498.

[54] Cfr. *Ibid.*, XIX, pàg. 298.

[55] Cfr. *Ibid.*, XXX, pàg. 540.

[56] Cfr. *Ibid.*, XVIII, pàg. 272.

[57] *Ibid.*, XXVIII, pàg. 496.

En resum, ha quedat palès que les limitacions dels éssers humans, en tant que artífexs de la república sobirana i responsables del seu manteniment al llarg del temps, constitueixen les limitacions pròpies dels mecanismes d'immortalitat artificial. La pressió permanent de les passions i de la resta d'inclinacions que condueixen a la discòrdia entre els éssers humans, així com també les limitacions de la política per arribar-les a discernir, disposar-ne la restricció i aconseguir fer-la efectiva, són obstacles que difícilment poden arribar a superar-se, tenint en compte les pròpies limitacions de la raó humana.

Com hem argumentat, no podem imputar a Hobbes una concepció pessimista de la naturalesa humana, atès que la seva inferència sobre la mateixa té un valor hipotètic. En tractar-se d'una dimensió del coneixement que no disposa d'un grau de certesa demostrable, doncs, les consideracions sobre la condició natural arrelen en l'experiència del present, és a dir, en els efectes manifestos de la mateixa a través de les accions humanes. És en aquest sentit que defensem l'escepticisme gnoseològic hobbesià, quan es tracta de definir coneixements que no són producte de l'estricta raó humana ni, conseqüentment, en som nosaltres mateixos els creadors o causants.

Per aquest motiu, la política i la moral, de les quals sí que en podem obtenir un coneixement demostrable, en ser-ne nosaltres mateixos els artífexs, s'edifiquen sobre uns fonaments hipotètics: sobre aquestes arenes movedisses es construiran sempre les repúbliques sobiranes, i contra aquesta inestabilitat s'enginyaran els mecanismes d'immortalitat artificial que puguin preservar-les el màxim de temps possible. I, tanmateix, no podem assegurar-ne pas una eternitat realitzable, en la mesura que aquestes mai no arribaran a destituir la condició natural humana que tracten de restringir ni tampoc arribaran a transformar-la, fins al punt d'erradicar certament tot focus de discòrdia futura que posi en perill la pau i la seguretat de la societat civil:

> I tot i que la sobirania, en la intenció d'aquells que la creen, és immortal, per la seva pròpia naturalesa, no tan sols és subjecta a la mort violenta per una guerra estrangera, sinó que també conté, per la ignorància i les passions dels homes, des de la seva institució mateixa, molts gèrmens d'una mortalitat natural, a causa de la discòrdia intestina.[58]

Els *gèrmens de la mortalitat natural*, doncs, es troben en la pròpia naturalesa de la república, en la mesura que constitueix la naturalesa dels qui en són els creadors. Aquí no podem considerar que Hobbes simplement descarti la possibilitat que una república sobirana pugui arribar a perdurar molt de temps, però certament s'hi mostra escèptic, donada l'experiència i ateses les grans dificultats adduïdes, però seria agosarat de-

[58] *Ibid.*, XXI, pàg. 344.

fensar que Hobbes pretén dissenyar una «constitució eterna».[59] Aquest escepticisme que hem defensat és palès en el paràgraf final de la segona part del *Leviathan*:

> (...) considerant com de diferent és aquesta doctrina de la pràctica de la major part del món, especialment d'aquestes parts occidentals que han rebut els aprenentatges morals de Roma i Atenes; i com de profunda es requereix que sigui la moral filosòfica, en aquells que tenen l'administració del poder sobirà; em trobo en el punt de creure que el meu treball és tan inútil com la *República* de Plató; perquè ell també és de l'opinió que és impossible acabar amb els desordres de l'Estat i el canvi de governs per la guerra civil, fins que els sobirans no siguin filòsofs.[60]

Tanmateix, veiem que Hobbes deixa oberta la porta a l'esperança que «algun dia o altre, aquest meu escrit pot caure a les mans d'un sobirà que el considerarà per si mateix (per això és curt i penso que clar), sense l'ajuda de cap intèrpret interessat o envejós; i per a l'exercici de la plena sobirania, en la protecció de l'ensenyament públic de la mateixa, convertir aquesta veritat de l'especulació en la utilitat de la pràctica».[61] De la mateixa manera, no descarta que es pugui arribar a produir la reconciliació entre éssers humans; si bé és molt difícil, no pot titllar-se d'impossible, tal com Hobbes addueix:

> De la contrarietat d'algunes de les facultats naturals de la ment, de les unes respecte de les altres, així com d'una passió respecte d'una altra, i de la seva relació envers el comportament social, s'ha pres com a argument per inferir una impossibilitat que cap home pugui estar prou disposat a tots els tipus de deure civil. (...) Argument al qual responc que aquestes són de fet grans dificultats, però no impossibilitats: perquè, a través de l'educació i la disciplina, poden ser i de vegades són reconciliades.[62]

Però fixeu-vos-hi: Hobbes ens parla d'una esperança i no pas d'una realitat; i ens parla d'una possibilitat, no pas d'una certesa, ja que «Només el *present* té una realitat en la naturalesa, les coses *passades* tenen realitat només en la memòria; les coses *per venir*, tanmateix, no tenen cap realitat. El *futur* no és sinó una ficció de la ment que aplica les seqüències de les accions passades a les accions presents (...)».[63] I és que de la mateixa manera que no podem assegurar que es puguin arribar a sostenir íntegrament les condicions de sobirania i de subjecció a les repúbliques, tampoc no podríem assegurar que aquestes no acabin dissolent-se o morint.

---

[59] Roger Castellanos Corbera i Bernat Torres Morales, «Voegelin on Hobbes. The Idea of an Everlasting Constitution», a: Giuliana Parotto (ed.): *Democracy and Representation.* Leiden: Brill, 2023, pàg. 22-39.

[60] Thomas Hobbes, Lev, XXXI, pàg. 574.

[61] *Ibid.*

[62] *Ibid.*, Revisió i conclusió, pàg. 1132.

[63] *Ibid.*, III, pàg. 42-44.

En efecte, del futur tan sols en podem inferir una presumpció; i, tal com hem assenyalat, les limitacions pròpies de les restriccions polítiques en el present ens mostren que, per experiència, s'hauria de suposar que aparentment mai no hi haurà una república sobirana prou perfecta perquè pugui perdurar eternament; de la mateixa manera que no hi haurà mai una societat civil prou perfecta perquè no s'hi reprodueixi el conflicte.[64] Això és així, presumptament, no perquè els éssers humans siguin malvats per naturalesa, cosa que tampoc no podríem afirmar en termes de bondat, sinó perquè no podem arribar a conèixer-nos prou per assolir una solució política, última i definitiva, al conflicte entre humans. Així doncs, la naturalesa humana, segons Hobbes, és en tot cas incerta, *ergo* irreformable.

## Referències bibliogràfiques


CASTELLANOS CORBERA, Roger, «*De Homine*: "quasi ad præcipitium". L'autonomia de la filosofia política de Thomas Hobbes». *Anuari de la Societat Catalana de Filosofia* [Barcelona], 32, 2021, pàg. 7-26.

CASTELLANOS CORBERA, Roger i TORRES MORALES, Bernat, «Voegelin on Hobbes. The Idea of an Everlasting Constitution», a: PAROTTO, Giuliana (ed.): *Democracy and Representation.* Leiden: Brill, 2023, pàg. 22-39.

CASTELLANOS CORBERA, Roger i MONSERRAT MOLAS, Josep, «Potentia eximia & Excellentia facultatum: the relation between liberty and power from the Leviathan to De Homine». British Journal for the History of Philosophy, 32(1), 2023, pàg. 65-78.

FORTEZA, Bartomeu, «Empirisme, llenguatge i objectivitat a la filosofia de Thomas Hobbes». *Anuari de la Societat Catalana de Filosofia* [Barcelona], 7, 1995, pàg. 109-136.

GAUTHIER, David, «Thomas Hobbes: Moral Theorist». *Journal of Philosophy* [Oxford], 76/10, 1979, pàg. 547-559.

HAMPTON, Jean, *Hobbes and the Social Contract Tradition.* Cambridge: Cambridge University Press, 1986.

HARRINGTON, James, *Oceana*, a: *The Political Works of James Harrington.* J. P. G. Pocock (ed.). Cambridge: Cambridge University Press, 1977.

HARVEY, Martin, «Teasing a Limited Deontological Theory of Morals Out of Hobbes». *The Philosophical Forum* [Boston], 35, 1, 2004, pàg. 35-50.

HERBERT, Gary B., «The Non-normative Nature of Hobbesian Natural Law». *Hobbes Studies* [Leiden], vol. 22, 2009, pàg. 3-28.

HOBBES, Thomas, *Elements of Philosophy. The First Section, Concerning Body.* Londres: Routledge/Thoemmes Press, 1992.

HOBBES, Thomas, *On the citizen.* Cambridge: Cambridge University Press, 1998.

HOBBES, Thomas i BRAMHALL, John, *Hobbes and Bramhall on Liberty and Necessity.* Cambridge: Cambridge University Press, 1999.

HOBBES, Thomas, *De Corpore. Elementa Philosophiæ I.* París: Vrin, 2000.

HOBBES, Thomas, *Leviathan.* Oxford: Clarendon H., 2002.


[64] Cfr. Roger Castellanos Corbera i Josep Monserrat Molas, «Potentia eximia & Excellentia facultatum: the relation between liberty and power from the Leviathan to De Homine». British Journal for the History of Philosophy, 32(1), 2023, pàg. 65-78.

HOBBES, Thomas, *De Homine*. París: Vrin, 2018. Thomas Hobbes, Sobre l'home, introducció i traducció de Josep Monserrat, Barcelona: Edicions de la UB: 2022.

HOOD, Francis Campbell, *The Divine Politics of Thomas Hobbes*. Oxford: Clarendon Press, 1964.

JESSEPH, Douglas, «Scientia in Hobbes», a: SORELL, Tom *et al.* (eds.), *Scientia in Early Modern Philosophy. Seventeenth-Century Thinkers on Demostrative Knowledge from First Principles*. Londres & Nova York: Springer, 2010, pàg. 117-29.

JOHNSTON, David, *The Rhetoric of Leviathan*, Princeton: Princeton University Press, 1986.

KAVKA, Gregory S., *Hobbesian Moral and Political Theory*. Princeton: Princeton University Press, 1986.

MACPHERSON, Crawford Brough, *The Theory of Possessive Individualism*. Oxford: Oxford University Press, 1962.

MCNEILLY, Frederic Stewart, *The Anatomy of Leviathan*. Nova York: St. Martin's Press, 1968.

MONSERRAT, Josep, «La fractura del sistema filosòfic de Hobbes: el *De Homine*». *Convivium. Revista de filosofia* [Barcelona], 29/30, 2016-2017, pàg. 99-121.

MONSERRAT, Josep, *Thomas Hobbes: La fundació de l'Estat Modern*. Barcelona: Gedisa, 2018.

NAGEL, Thomas, «Hobbes's Concept of Obligation». *Philosophical Review* [Durham], 68, 1959, pàg. 68-83.

OAKESHOTT, Michael, *On Human Conduct*. Oxford: Clarendon Press, 1975.

PADEN, Roger, «Monomania and the war of all against all». *Philosophia. Philosophical Quarterly of Israel* [Ramat Gan], 27, 1999, pàg. 69-86.

PAVESI, Ermanno, «Thomas Hobbes, teorico dell'assolutismo». *Cultura & Identità* [Roma/Rende], II/8, 2010, pàg. 54-63.

PLAUTE, *La comèdia dels ases*. Barcelona: Fundació Bernat Metge, 1934.

ROSSELLO, Diego, «Hobbes and the Wolf-Man: Melancholy and Animality in Modern Sovereignty». *New Literary History* [Baltimore], 43, 2012, pàg. 255-279.

SALES, Jordi, «La qüestió sobre els fonaments de la política». *Anuari de la Societat Catalana de Filosofia* [Barcelona], 1999, pàg. 57-68.

SALES, Jordi i MONSERRAT, Josep, «"A more political animal than bees". Polity as an intermediate state, as the highest state, or as an agent of stability». *Staté. Studia Neoaristotelica* [České Budějovice], 6, 1, 2009, pàg. 3-14.

SANTI, Raffaella, *Ragione geometrica e legge in Thomas Hobbes*. Milà: CEDAM, 2012.

SANTI, Raffaella, *Etica della lettura e scrittura filosofica in Thomas Hobbes*. Milà: CEDAM, 2013.

SKINNER, Quentin, *Visions and Politics*. Cambridge: Cambridge University Press, 2002.

TAYLOR, Alfred Edward, «The Ethical Doctrine of Hobbes», a: BAUMRIN, Bernard H. (ed.), *Hobbes's Leviathan: Interpretation and Criticism*. Belmont: Wadsworth, 1969, pàg. 35-48.

VOISSET-VEYSSEYRE, Cécile, «The Wolf Motif in the Hobbesian Text». *Hobbes Studies* [Leiden], 23, 2010, pàg. 124-38.

VON LEYDEN, Wolfgang, *Hobbes and Locke: The Politics of Freedom and Obligation*. Nova York: St. Martin's, 1982.

WARRENDER, Howard, *The Political Philosophy of Hobbes*. Oxford: Clarendon Press, 1957.

WIEGAND CRUZ, Augusto, «Hobbes: el absolutismo como consecuencia del pesimismo antropológico». *Revista chilena de derecho y ciencia política* [Temuco], 6, 1, 2015, pàg. 55-80.

WILSON, Fred, «Hobbes's Inductive Methodology». *History of Philosophy Quarterly* [Illinois], 13, 2, 1996, pàg. 167-86.

ZARKA, Yves Charles, *La Décision métaphysique de Hobbes. Conditions de la politique*. París: Vrin, 1987.

ZARKA, Yves Charles, *Hobbes et la pensée politique moderne*. París: Vrin, 1995.

Roger CASTELLANOS CORBERA
Josep MONSERRAT MOLAS

# NULLA ESISTENTIVO E DARSI DELLA FORMA. LA MISTICA DI GIOVANNI DELLA CROCE NEL PENSIERO DI MARÍA ZAMBRANO

**Antonio BERGAMO**

Facoltà Teologica Pugliese
antonio.bergamo@tiscali.it
DOI: 10.60940/comprendrev26n2id431748

Article rebut: 16/10/2023
Article aprovat: 26/09/2024

## Riassunto

Mistica e poesia hanno una particolare importanza nel pensiero di María Zambrano: esse aprono ad una nuova forma di conoscenza e ne orientano il metodo. Soffermandosi in particolare sul rapporto della sua riflessione con Giovanni della Croce il presente contributo intende esplorarne i tratti essenziali attraverso i punti nodali del sentire originario.

**Parole chiavi:** María Zambrano; Giovanni della Croce; mistica; poesia; metafisica.

## Nothing exists and takes shape. The mysticism of John of the Cross in the thought of María Zambrano

## Abstract

Mysticism and poetry are of particular importance in María Zambrano's thought: they open up a new form of knowledge and orient her method. By dwelling in particular on the relationship of her reflection with John of the Cross, this contribution intends to explore its essential features through the nodal points of the original sentiment.

**Key words:** María Zambrano; John of the Cross, Mysticism; Poetry, Metaphysics.

La filosofa spagnola María Zambrano (1904-1991)[1] dedica alcune pagine dei suoi scritti a Giovanni della Croce (1542-1591). La figura del Dottore del Nulla ricorre però con frequenza, implicitamente o esplicitamente, nella sua opera.[2] Si potrebbe parlare di una fonte mistica all'interno della sua riflessione, la quale si caratterizza per il proporsi di dischiudere i tratti del *sentire originario* che caratterizza l'essere umano e lo rimanda al divino. Questo breve contributo avrà come oggetto l'esplorazione del rapporto tra questa luce aurorale e il cammino dell'individuo. Si proverà a delineare i tratti fondamentali della visione antropologica di María Zambrano, per poi soffermarsi sul rapporto tra il pensiero mistico di Giovanni della Croce e la lettura della filosofa spagnola attraverso i suoi elementi più importanti.

## 1. La realtà nel darsi del divino

La questione che sembra legare Giovanni della Croce e María Zambrano, sebbene con differenti intonazioni, è se e come sia possibile l'esperienza di Dio. Ora, quello di Giovanni della Croce è un pensiero fortemente trinitario in cui gioca un ruolo decisivo la categoria di *unione*, che egli pare prediligere rispetto ai termini di *comunione, dialogo, incontro*. Tale categoria permette di meglio comprendere cosa intenda per *nada* o nulla/negazione nel suo impianto speculativo.[3] Questo perché *unione* sembra ben esprimere differenti livelli tra loro legati: 1) l'intimo della vita trinitaria in cui le tre divine Persone sono l'una nell'altra e con l'altra; 2) l'unione ipostatica nella divino-umanità del Verbo incarnato;[4] 3) e in Lui di Dio con gli esseri umani;[5] 4) l'unione tra gli esseri

[1] Per approfondire il pensiero di María Zambrano: Roberto Mancini, *Esistere nascendo. La filosofia maieutica di Marìa Zambrano.* Assisi: Cittadella Editrice, 2012; Ana Bundgård, *Más allá de la filosofía. Sobre el pensamento filosófico-místico de María Zambrano.* Madrid: Trotta, 2000; Armando Savignano, *María Zambrano. La ragione poetica.* Genova-Milano: Marietti, 2004.

[2] Cfr. Jesús Moreno Sanz, *El Logos oscuro. Tragedia, mística y filosofía. El eje de «El hombre y lo divino», los inéditos y los restos de un naufragio,* vol. II. Madrid: Verbum editorial, 2008, pp. 126-160; Cfr. Eleonora Palmentura, *Anche se è notte. Lineamentio di un'antropologia aurorale tra María Zambrano e Giovanni della Croce.* Bari: Ecumenica editrice, 2021.

[3] Come evidenzia José Damián Gaitán de Rojas, «San Giovanni della croce è chiamato il santo o il dottore del *nada* o della negazione, trascurando spesso tuttavia che egualmente, e non di meno, è il maestro dell'amore e della comunione tra l'uomo e Dio. Per il nostro mistico, però, si tratta di due realtà non scindibili o separabili l'una dall'altra, ma intimamente collegate e finalizzate tra loro». José Damián Gaitán de Rojas, «Comunione e negazione in san Giovanni della Croce». In: AA.VV., *Il Nulla-tutto dell'amore. La teologia come sapienza del Crocifisso.* Roma: Città Nuova, 2013, p. 64.

[4] «Al primo posto sta l'unione ipostatica della natura umana con il Verbo divino, e la relazione che tra questa unione e quella degli uomini con Dio, e le relazioni che ci sono con la giustizia e la misericordia di Dio nei riguardi della salvezza del genere umano e la manifestazione dei giudizi di Dio a tal riguardo». Giovanni della Croce, *Cantico spirituale.* In: *Tutte le opere.* Milano: Bompiani, 2014, 37.3, p. 771.

[5] «Questa è l'adozione dei figli di Dio, che in piena verità diranno a Dio quello che in san Giovanni lo stesso Figlio disse al suo Eterno Padre: *Tutte le mie cose sono tue, e le cose tue sono mie* (Gv 17,10). Egli lo è per essenza, perché figlio naturale; noi invece lo siamo per partecipazione, perché figli adottivi». *Ibid.*, 36.5, pp. 759-760).

umani in Cristo; 5) l'unità interiore dei sensi e dello spirito in ogni essere umano; 6) l'unione dell'essere umano con la creazione.[6] Si dà dunque un gioco di immanenza/trascendenza che trova la sua origine nell'unità di segno molteplice del darsi eterno delle tre divine Persone, aperta nell'umano-divinità del Verbo per il quale e in vista del quale tutto è stato fatto;[7] che *segna* dinamiche immanenti, per vocazione e slancio trascendenti, attraverso una reciproca interazione mossa da una alterità sorgiva e originaria. In questo senso si potrebbe cogliere in Giovanni della Croce un cristocentrismo trinitario cosmico, in cui la realtà è innervata da tale dinamica pericoretica.

La concretezza del gesto che caratterizza il pensiero di María Zambrano, sembra accogliere questi elementi. La filosofa spagnola ravvisa nell'esistenza umana le caratteristiche di un cammino nel quale si passa dalla percezione umbratile del sacro all'incontro con un volto, con il divino. L'immanenza è per vocazione trascendente senza che questo significhi svuotarla di senso, ma coglierne l'eccedenza. Trascendenza è, per la filosofa, *trasparenza*. Richiamando la radice del termine latino essa è *andare oltre salendo*, muovendo dalla fiduciosa fedeltà viscerale all'origine, ed il cui effetto è una elevazione e una chiarezza che accade.[8] In questo senso la Parola è l'*a priori* del linguaggio, essa è nell'aurora perenne,[9] è germe irriducibile di trascendenza, rivelando una certa porosità del linguaggio. La Parola conferisce unità al tempo e dischiude lo spazio. La Parola è espressione, il linguaggio manifestazione, in quanto rinuncia a qualsiasi proprietà circa il darsi della parola.[10] La Parola provvede a una attualizzazione del tempo, il quale va dal virtuale all'attuale. In questo dinamismo si dà una temporalità interna, una molteplicità dei tempi, variabile a seconda di ciò che si attualizza. Per questo «la vita ha bisogno della parola», poiché fa da specchio, rischiara, potenzia, innalza.[11] Vita che si apre sulla soglia: tra luce/ombra,[12] risveglio, aurora.[13]

Vi è così una certa sintonia tra il quadro dipinto da Giovanni della Croce in cui il reale è attraversato da una ritmica trinitaria che si realizza secondo differenti combinazioni di intensità, e l'*andare nascendo* dell'umano posto nel reale, descritto da María Zambrano. La vita umana è una sorta di melodia in contrappunto, in cui il comporsi delle relazioni vede il combinarsi di linee melodiche indipendenti. Il divenire delle

---

[6] Cfr. *Ibid.,* 23, 3.6, pp. 605-607.

[7] Cfr. Ef. 1,3-14.

[8] Cfr. María Zambrano, *Note di un metodo.* Napoli: Filema, 2008, p. 85.

[9] Cfr. María Zambrano, *Dell'aurora.* Genova-Milano: Marietti, 2000, pp. 94-95.

[10] Cfr. María Zambrano, *Il sogno creatore.* Milano: Bruno Mondadori, 2002, p. 163.

[11] Cfr. María Zambrano, *Quasi un'autobiografia* (a cura di Elena Laurenzi). *Aut-Aut* [Milano], 279, 1997, p. 125.

[12] Ecco perché María Zambrano sembra incontrarsi con quella che verrà definita la *metafisica della luce.* Cfr. Juan Fernando Ortega Muñoz, *Introducción al pensamiento de María Zambrano.* Madrid: Fondo de Cultura Económica, 1994.

[13] Cfr. Carlo Ferrucci, «Post-fazione». In: María Zambrano, *Chiari del Bosco.* Milano: Mondadori, 1991, p. 168.

forme è inabitato non da leggi statiche, ma dalla continua composizione di forze interagenti in una relazionalità che vede diversi gradi di attualizzazione. La luce (*claritas*) che illumina l'essere umano è aurorale, non la luce accecante del concetto, ma è luce che dal di dentro, dal basso, rischiara e accompagna verso l'alto, senza perdere il contatto con la realtà. In essa si dà il *kairos*, l'istante di piena unione in cui le differenze si armonizzano in forma organica pericoreticamente. Il fondamento è l'eterno darsi trinitario. La Parola perde, in certo qual modo, la sua potenza rivelativa e il suo carattere *nascente*, quando è investita dall'evidenza solare del *logos* razionale astratto. Un certo abisso nichilistico può essere l'esito di tale omogeneizzazione dell'eterogeneità del darsi, in quanto è «come se il *logos* per essere tanto diversificato, per essersi anche allontanato, ponendosi in alcuni casi — in alcuni linguaggi scientifici e logici — all'estremo della parola si fosse semplicemente ritirato dalla vita umana; come un mare che si ritira o come una colomba che si allontana».[14]

## 2. Individuazione e forma

La formazione intellettuale di María Zambrano è stata notevolmente influenzata dall'incontro con diverse figure significative. Tra queste si distinguono quelle di Miguel de Unamuno e Antonio Machado.[15] In particolare si può notare come vi sia una sintonia fra i temi più importanti del pensiero zambraniano e la *fede poetica* di Machado o il *cristianesimo tragico* di Unamuno.[16] Tale sintonia muove da una critica ad alcuni nuclei teorici di una certa tradizione filosofica occidentale, incapace di cogliere l'origine del pensiero in una apertura immaginativa e creatrice attraverso la quale si può interpretare la realtà mediante forme simboliche che vi si danno in essa.[17] Il *sentire originario* che segna l'umano è tipico della conoscenza poetica e sembra rimandare alla capacità di sentire dei corpi, mediante dinamiche incarnate che aprono nuovi spazi di possibilità e definiscono l'espressività della percezione, al fondo della vita. Questo non significa rinunciare al concetto, ma che tale sentire è preliminare perché si possa autenticamente conoscere. La vita si fa più vita in questo dinamismo esistenziale perché l'individuo si apre ad essa accogliendola nella sua interezza. Tale dinamismo implica

[14] Cfr. María Zambrano, *Luoghi della poesia* (a cura di Armando Savignano). Milano: Bompiani, 2011, p. 617.

[15] Cfr. Pina De Luca, *Il logos sensibile*. Soveria Mannelli: Rubettino, 2004, pp. 22-26.

[16] Cfr. Ludovica Filieri, *Nel cuore di Spinoza*. In: María Zambrano, *La salvezza dell'individuo in Spinoza*. Roma: Castelvecchi, 2021, pp. 25-27.

[17] «Hay cinco ámbitos en los que Zambrano centra su crítica: en primer lugar, la antropología filosófica; en segundo, las denominadas ciencias de la religión y, de modo muy especial, la fenomenología religiosa, de gran auge en los finales años cuarenta y comienzos de los cincuenta; en tercer lugar; muchos de los resultados de la propia etnología de esos años; en cuarto, es necesario precisar ya el lugar de Zambrano en la historia de la espiritualidad, y su relación con la gnosis, la mística y el esoterismo; finalmente, en cuanto a la psicología como su crítica a Freud, sus ciertas adhesiones a Jung y sus aplicaciones de la Gestalt». Jesús Moreno Sanz, *op. cit.*, vol. I, p. 152.

pertanto una rinnovata capacità di abitare l'interiorità come centro relazionale, poiché questo sfondo originario pre-filosofico e pre-logico quando si incontra con il *logos* filosofico genera un attrito lacerante nell'impatto con la realtà, ed esso chiede un salto ulteriore. Il *novum* cristiano risiede in questo rilancio costante dell'esperienza incarnata e del suo legame con il Verbo incarnato. *Affectio* dell'umano che si scopre attraversata dall'*affectus* di Dio in Cristo.[18]

Quello dell'essere umano è un esercizio costante di distensione interiore, attraversando quelle tenebre che abitano la realtà ed il suo diventa e si qualifica come un *saber sobre el alma, razòn poètica* (sapere dell'anima, ragione poetica).[19] Non vi è solipsismo in questo itinerario, in quanto si scopre che il *logos* inabita l'umano, ed è un logos *nelle viscere*. Esso rinvia alla molteplicità dei vissuti e delle relazioni. Si danno dinamiche in cui il reale, l'immaginario e il simbolico entrano in interazione. Il reale nel suo aprirsi, l'immaginario in cui vi è una sorta di gioco di specchi, il simbolico come il *terzo* al principio di un accadere genetico, sottofondo di ogni fondo del reale. Ora, queste dinamiche sono *singolari* e implicano diversi gradi di attuazione che attraversano e modulano il rapporto tra la *dynamis* virtuale e la forma attualizzata. Allo stesso tempo si dà un aprirsi che vede nei corpi la capacità di sentire il divenire delle forme, il quale è condizione di possibilità per comprendere l'alterità umana e creaturale attingendo in esse il senso.

Interiorità ed esteriorità dell'essere umano sono per Zambrano poste in rapporto di reciprocità. L'interiorità della persona è il luogo della percezione della forma che soggiace all'essere. Il soggetto accede alla percezione della forma mediante un dinamismo che lo introduce alla conoscenza di se stesso. Il primo passo è accorgersi di riceversi nell'esistenza a partire da un incontro, tanto da potersi chiedere con stupore liberante: «Cosa fare col mio stesso essere quando mi viene incontro?».[20]

Andare in profondità dentro di sé nel mentre ci si apre alla totalità della vita: è il duplice movimento convergente di questo dinamismo. L'essere umano scopre una sorgente interiore alla quale si abbevera e si sente rimandato ad una origine immemoriale. Qui trova il nucleo incandescente dell'anima che conduce la persona all'unità di sé stessa oltre l'esilio dell'esistenza, oltre il delirio del suo trascurare il proprio vero io. Del resto per la filosofa spagnola la realtà alla radice del peccato è l'aver dimenticato la propria origine, cosa questa che manifesta un fallire l'orientamento di fondo della propria esistenza e mancare il fine del proprio progetto esistenziale inscritto nelle fibre più profonde dell'essere. È in tale quadro che si delineano i tratti del sentire originario, così

---

[18] A questo riguardo: Cfr. Emmanuel Falque, *La Chair de* Dieu. Paris: Cerf, 2023, pp. 33-38.

[19] Sulla formazione del concetto di *razón poética* in Zambrano e sul suo sviluppo a partire da quello di razón vital di Ortega y Gasset che gradualmente diventa *razón musical* e infine giunge a essere tematizzato come tale: Jesús Moreno Sanz, *op. cit.*, vol. I, pp. 344-361.

[20] María Zambrano, *Persona e democrazia*. Milano: Bruno Mondadori, 2000, p. 13.

definito da María Zambrano: «il sentire originario (...) si esprime nell'abbandono e nella necessità di una respirazione cadenzata: sentire dove è e dove non è la vita o dove non è ancora. È il *logos* sommerso che vuole essere dentro la ragione».[21]

Caratteristica del sentire originario è pertanto un raccordare i livelli dell'esistenza a partire da quel *Logos* sommerso che interpella. Il percepire che si delinea non è in balia del sentimento o dell'emozione, bensì apertura alla forma dell'esistere secondo uno sguardo che unifica il molteplice percependone l'essenza. Sembra qui di poter cogliere una ulteriore forte sintonia tra quanto la Zambrano scrive e il pensiero del suo maestro Ortega y Gasset, filosofo di un esistenzialismo vitalistico.[22] Tuttavia essa lo supera perché se per Ortega l'essenza eccede l'essere che non è, per Zambrano il darsi dell'essere è proprio nel movimento dell'esistenza che perviene all'essenza, l'essere è sostanziale nel suo essere *frammezzo* i poli relazionali dell'esistere.

Il sentire originario è quindi un percepire il *Logos sommerso,* ed in esso è racchiuso il momento drammatico del *non,* ciò che si manifesta come pura alterità interpellante. María Zambrano ha presente il contributo di Hegel e ne coglie l'importante contributo in cui la storia e le vicende umane sono un processo dinamico. Anche per lei la struttura della storia è come una architettura a volta, con una arcata sotterranea che regge e crea il vuoto, ma se per Hegel lo Spirito, che è per lui una realtà umana o semidivina ma non divina, si rivela nella storia *agendo* l'individuo, cosicché esso è solo *agito,* in María Zambrano la storia è dinamismo dialogico relazionale umano-divino in cui l'io trascende se stesso nell'incontro con l'Altro che soggiace al fondo dell'anima. Il *luogo* dell'antropologia non è lo spirito, come per Hegel, ma il *logos incarnato.* Il cammino dell'io è un trascendersi nel *non* dell'alterità, inteso come trasformazione pericoretica.

Nell'analisi zambraniana di questo campo di forze, si è così rinviati «cammino che san Giovanni della Croce traccia con lucidità geometrica, metodo per distruggere la potenza e le facoltà dell'anima, come risulta nei suoi commenti alla «Notte oscura». Tutte le facoltà soccombono; l'anima intera si dissolve e si scompone in quell'abbandono totale. Nel suo caso, come in tutti quelli dei mistici ortodossi (...) la dissoluzione dell'intelletto è accompagnata dalla dissoluzione dell'essere (per quanto sia possibile rimanendo in vita); non solo la scienza, ma l'essere stesso si trascende per dis-farsi, per dis-nascere in quella realtà ultima e suprema che l'intelligenza pura situa «al di là dell'essere e dell'essenza». Realtà suprema che trascende ogni bene e ogni idea, spazio infinito in cui inabissarsi e rinascere».[23] Sulla soglia tra teologia e filosofia si dischiude un itinerario esistenziale di approfondimento.

---

[21] María ZAMBRANO, *Note di un metodo, op. cit.*, p. 89.

[22] Cfr. Elena Laurenzi, *Il sapere dell'anima. María Zambrano e José Ortega y Gasset.* In: *Il pensiero di María Zambrano.* Udine: Forum, 2005, pp. 11-28.

[23] María ZAMBRANO, *Verso un sapere dell'anima.* Milano: Raffaello Cortina Editore, 1996, p. 138.

## 3. Lo slancio verso la forma

Quando l'essere umano si accorge del *sentire originario* che lo inabita scopre una sua verità costitutiva: egli è chiamato ad essere, e la sua risposta è una apertura fiduciale, decisione verso quell'origine immemoriale che, alla base del proprio io, sembra quasi premere, invitando ad un autocoscienza rinnovata, a dispiegare il proprio potenziale creativo mediante un esercizio della libertà chiamato a confrontarsi con le dicotomie laceranti e stringenti dell'esilio e del delirio, dell'abbandono e del dono. In questo cammino il soggetto non è soppresso. Piuttosto si assiste ad un attingimento di sé in Dio.

La percezione quale *sentire originario,* dunque, non è solo una espressione di per sé significativa, essa è propriamente la percezione della forma rivelativa che squarcia la notte oscura delle illusioni e dei naufragi dell'esistenza. Essa è il dischiudersi di tutta la libertà della persona nei confronti della realtà e dell'essere, è un atteggiamento vitale e attivo attraverso cui l'uomo «lascia essere» ciò che lo raggiunge dell'esterno mediante un discernimento creativo che com-prende. Il sentire originario è relazione che accade continuamente, in cui l'essere si dischiude nella sua struttura.

Lo slancio della ragione, della *ragione poetica*, che coglie nel dinamico fluire dell'essere la sua cifra costitutiva e la sua densità qualitativa, è attinto da María Zambrano esattamente dalla mistica di Giovanni della Croce e di Teresa d'Avila. Di Giovanni della Croce la nostra filosofa accoglie la dinamica trasformativa del darsi trinitario come amore. Tale slancio è definito alla luce della sua fonte mistica:

> Perfetta oggettività dell'amore, che è anche della poesia, poiché il nesso fra misticismo luminoso e poesia è proprio qui: nel fatto che per essere un misticismo luminoso, ha pronta la presenza del suo oggetto, che poeticamente gli si mostra. La definizione della poesia potrebbe essere questa: giacché non vi è poesia se nelle viscere non è disegnato qualcosa.[24]

La filosofa rilegge in tal modo la vocazione dell'umano e del reale. Lo fa mediante il pensiero tragico greco, primo passo di un cammino di individuazione, in cui l'essere umano si sperimenta cieco come Edipo. Si accorge poi di come il pensiero sia luce che disvela la visione dell'essere, una luce interpellante. Da qui si manifesta l'atteggiamento dell'uomo che di fronte al pensiero e alla sua verità che si autocela si sente imprigionato come Antigone, come se la sua stessa vita fosse stata sepolta e chiedesse di venire alla luce. Così scrive Elémire Zolla:

---

[24] María Zambrano, «Appendice: S. Giovanni della Croce, dalla notte oscura alla più chiara mistica». In: *La confessione come genere letterario.* Milano: Mondadori, 2004, p. 123.

Edipo è il superuomo innocente e perciò tragico, per tale lo individuò María Zambrano. È una vittima incidentale del processo di deificazione connaturato all'uomo (che le religioni non inventano, ma presuppongono), processo che può, come ogni anelito naturale, avvampare in delirio. Come definire il delirio del superuomo? Per natura l'uomo mendica l'essere e lo sa, ma non lo riconosce, tenta perciò una compensazione, in qualche modo incoronandosi, procurandosi una investitura soprannaturale; il mendicante in lui rischia allora di non riconoscersi nell'incoronato e questi di non riconoscersi nel mendico. Tale la definizione del delirio che suggerisce la Zambrano.[25]

L'esistenza umana è una esistenza rischiosa, è l'azzardo di esistere, oltrepassando ciò che la sua stessa condizione vede come possibilità nella figura di Antigone, ma tale azzardo è la tensione verso una apertura che è promessa di una pienezza di vita. Si coglie come in Zambrano si dia una comprensione della immaginazione estesa che emerge dal darsi pericoretico in qualsiasi forma di ricomposizione incarnata del virtuale, che trova il suo luogo ultimo nella umano-divinità del Verbo incarnato e attinge al darsi eterno delle tre divine Persone. Vi è una certa sintonia tra questo slancio che la filosofa mette in evidenza e i tre gradi della relazione con Dio che Giovanni della Croce pone in evidenza nel suo *Cantico spirituale*. La presenzialità di Dio è percepita 1) per essenza, e questo riguarda tutti; 2) per grazia, percezione umbratile che riguarda coloro che abitano nel suo amore intenzionalmente; 3) nell'affezione spirituale, che dice una particolare risonanza mediante la quale Dio *trasforma* e ricrea l'umano nell'istante della gioia.[26] Presenza di Dio e presenza a se stessi sembrano quasi intrecciarsi in una eterogeneità che trova la sua composizione pericoretica nel Verbo incarnato. L'umanità è custodita con Cristo in Dio, è qualcosa si produce coinvolgendo le dinamiche immanenti secondo uno slancio trascendente.[27]

## 4. La *claritas*

La *Salita al monte Carmelo*, in Giovanni della Croce, sembra presuppore il trascendersi per vocazione dell'immanenza, e ne dischiude il carattere trasformativo nell'unione con Dio. Richiameremo qui il breve saggio a lui dedicato dalla filosofa spagnola e che in Italia è stato pubblicato in appendice a *La confessione come genere letterario* dal titolo *San Giovanni della Croce. Dalla notte oscura alla più chiara mistica.*

[25] Elémire ZOLLA, *Uscite dal mondo.* Milano: Adelphi, 1992, p. 416.

[26] Cfr. GIOVANNI DELLA CROCE, *Cantico spirituale, op. cit.*, 11, 3, pp. 435.

[27] Cfr. José Damián GAITÁN DE ROJAS, *Negación y plenitud en san Juan de la Cruz.* Madrid: EDE, 1995, pp. 78-100; Cfr. Macario OFILADA MINA, «Recuperación del sentido auténtico de "nada" como valoracióm en san Juan de la Cruz mediante el concepto de "mundo" hacia la relación Dios-Hombre». *Studium: Revista cuatrimestral de filosofía y teología* [Madrid], 38, nº 3, 1998, pp. 445-462.

Zambrano delinea in apertura con rapide pennellate l'atmosfera culturale e spirituale in cui il Dottore del Nulla vive: la Castiglia con la sua «solitudine sonora», comune appartenenza di ogni uomo, ma che in questa terra trova una straordinaria cassa di risonanza. Disegnare il contesto culturale in cui nasce Giovanni della Croce è per la filosofa la possibilità per lasciare intravedere in filigrana l'interrelazione di diversi livelli nella gestazione di un pensiero. Come in un'opera d'arte e nel suo atto creativo aperto alla compartecipazione dell'A/altro, così nell'abitare la realtà si dà la possibilità di un *compimento* performativo:

> San Giovanni della Croce esce dalla vita della Spagna e della Castiglia, ma a stento si può riconoscere questa origine nella sua trasparente universalità. Bisogna attraversare la trasparenza di quest'universalità per giungere alla radice donde è germogliata; bisogna ripercorrere lo stesso cammino che egli, nel suo trascendere tutto («ogni scienza trascendendo»), percorse per individuare la necessità del suo alto volo, la necessità della sua libertà: la sostanza dalla quale scaturì quella fiamma che, poi, sembrò consumarla completamente.[28]

Tale compimento performativo fa breccia nell'umano attraverso il sentire originario la cui oggettività nel testo in questione verrà presa in considerazione. Sono gli occhi della mistica e della poesia a permettere di accedere a questa profondità dell'interiorità e a questo nuovo esercizio del pensiero: in quanto è la Parola alla radice di tutte le altre parole quella che interpella in essi. Mistica e poesia non sono semplici strumenti, ma esperienze mediante le quali si dà una nuova profondità e una visione complessiva dell'essere. In tal senso la Zambrano intende recuperarne la valenza esistenziale. Per la filosofa spagnola la mistica, in tutte le sue forme ed espressioni religiose, illumina e specifica il ruolo dell'interiorità nel percorso che conduce l'essere umano a essere/diventare se stesso, lasciando intravedere la trascendenza immanente dell'interiorità stessa che non è un *sistema chiuso*. Scrive infatti:

> L'evento mistico si produce *dentro l'anima* dentro ciò che nell'uomo vi è di naturale in virtù di qualcosa che naturale non è, che sta fuori di essa, per lo meno in quanto, in senso stretto non è parte. In realtà ciò che avviene nel misticismo non è qualcosa di alieno all'umano, né cosa da impostori e neppure da folli, come riteneva il positivismo. Per strana che si ritenga la comparsa dei mistici nel genere umano, la loro gran corrente, tanto feconda e inestinguibile, è lì per farci meditare. Per far meditare e pensare che l'evento mistico ha, per lo meno, il suo fondamento nella natura umana, in una sua possibilità, in una condizione che nella mistica si rivela più che in ogni altra cosa.[29]

[28] María ZAMBRANO, «Appendice: S. Giovanni della Croce, dalla notte oscura alla più chiara mistica», *op. cit.*, pp. 111-112.

[29] *Ibid.*, p. 113.

L'accadere nell'anima di un evento che è promessa di una apertura. È la poesia il *vestito* espressivo del sentire originario e del vissuto esperienziale che si aggancia all'essere inteso come primo amore e come origine di segno molteplice. Mistica e poesia sono approcci all'essere strettamente congiunti, in una relazione di reciprocità che permette all'uomo di districarsi attraverso i chiaroscuri dell'esistenza. Sembra di cogliere una sorta di analogia fra mistica e poesia come fra grammatica e linguaggio, in cui l'interiorità è la grammatica del senso e la *poesia* il linguaggio espressivo della stessa. La poesia come vestito espressivo si manifesta nelle *categorie dell'analogia* manifestando la «perfetta oggettività» del *darsi limpido dell'essere* attraverso l'accesso mistico.

Nella luce (*claritas*) di questo accadere si offre un rovesciamento fenomenologico: dall'essere-dato, all'essere-donato. Nella misura in cui i fenomeni possono essere pensati viene a superarsi, in certo qual modo, il primato della soggettività trascendentale, permettendo di pensare l'essere come darsi.

## 5. Al di là del conoscere

«Che cosa ci chiama a pensare?» si chiedeva Martin Heidegger.[30] L'espressione di Giovanni della Croce che la nostra filosofa cita ripetutamente nel suo testo, «ogni scienza trascendendo», pare voler esprimere un pensiero *altro* che attinge al darsi sorgivo che lo sopravanza nel suo essere interpellato. L'essere umano intravede in ogni conoscenza l'invito ad oltrepassarla. Nell'essere immersi nella realtà, si riconosce l'umano-in-comune, del quale si sperimenta l'ospitalità. Nell'esperienza mistica si realizza questo aprirsi che è trascendersi, attraverso l'ascesi e il superamento di sé che, nell'analisi di Zambrano, conduce a scoprire tale tratto ospitale: l'anima, infatti, ella sottolinea, *ingoia se stessa trasformandosi in altro.*

La categoria di *nulla* implica l'incrociarsi di due assi: l'asse del *Chronos* e l'asse dell'*Aion*, del tempo cronologico e dell'eterno che preme in esso. In questo incrocio l'accadere dell'istante di piena integrazione, che dà luogo al momento illuminativo che accomuna mistica e poesia, è *kairos* attingibile in un *divenire* con l'Altro-Cristo la cui umano-divinità segna l'esperienza nella carne. « "Todo" e "nada" sono due termini che ricorrono spesso negli scritti di Giovanni della Croce, e sono diventati, per diversi motivi, particolarmente accattivanti ai nostri giorni».[31] Come J.-D. Gaitan della Roias evidenzia questi due termini si riferiscono sia a Dio che all'uomo, ma con un differenziale dinamico: "todo" è utilizzato in riferimento al Padre-sommo bene, e a Cristo nel quale il Padre si è rivelato. Ma "todo" indica anche il rapporto dell'umano con le cose della realtà creata, rispetto alle quali sperimenta uno slancio trasformativo. "Nada"

---

[30] Martin HEIDEGGER, *Che cosa significa pensare?* Carnago (Va): Sugarco, 1996, p. 37.

[31] José Damián GAITÁN DE ROJAS, «Comunione e negazione in san Giovanni della Croce», *op. cit.*, p. 66.

invece non viene applicato direttamente a Dio, non se ne parla mai in forma sostantivata, ma implica un rapporto di amore, comunione, unione tra Dio e l'uomo.[32]

Tutto ciò che è naturale nell'uomo tende infatti a un trascendersi, e questo movimento è inscritto nel dinamismo della vita stessa in cui per nascere occorre morire, come nella sete si tende all'abbeverarsi e nell'oscurità si tende alla luce. Per sottolineare che l'uomo è per sua natura portato a trascendersi e per esprimere tale vitale tensione Zambrano utilizza inoltre la metafora del bozzolo e della farfalla: le ali della libertà, la bellezza che si manifesta, scaturiscono da un morire del bruco nel bozzolo, per poi diventare farfalla. Così la vita umana è trasformazione, in un senso quasi nietzscheano. Cosa significa questo "stare nel bozzolo"? Giovanni della Croce, sottolinea la filosofa spagnola, lo intende come un *non essere* perché l'Altro in me provochi il mio sporgermi al di là di me stesso. In tal senso si può comprendere l'essere pervenuti al non-essere, al nulla (*nada*), esperienza che si offre nell'aprirsi all'alterità divina, una ospitalità all'Altro-da-sè.[33]

Il nulla di cui qui si parla, sottolinea la nostra filosofa, non è il punto di approdo del cammino esistenziale, piuttosto ha il carattere di atto che si compie nel mentre del suo svolgimento, ed effetto che si sta già realizzando nell'apertura all'A/altro. L'essere umano nell'esperienza mistica non tende all'annullamento ontologico di sé, ma ad una maturazione di sè immergendosi nella relazione con l'A/altro. Il sentire originario è quell'apertura alla modalità autentica dell'essere, attraverso il superamento dell'inautentica realizzazione nella relazione di alterità. La vita non è disprezzata per sé se non nella sua *inautentica realizzazione*. Il nulla sperimentato, sofferto, che si dilata nell'io è lo spazio vuoto dell'accoglienza dell'A/altro, è fame di vita. Quello che si tratteggia in Giovanni della Croce è un nulla esistentivo, che indica l'attraversamento dell'esistenza nella luce dell'evento pasquale. Appartiene al tenore di senso dell'ipseità la relazione con l'alterità che implica un trascendimento di sé. L'io tende al *tutto* che è un *qualcosa-originario* che apre alla totalità della vita, ovvero il darsi eterno di Dio, ed è la forma stessa dell'esistere che si dona, dando a sua volta forma all'individuo che lo accoglie nello spazio vuoto della propria finitezza dispiegata. Paradosso e mistero sono quindi le cifre di questo accadere.

La conoscenza nel suo afflato mistico e poetico è così dilatazione del potenziale simbolico dell'esistenza nel suo attingimento sorgivo.

---

[32] Cfr. *Ibid.*, pp. 68-69. Accanto a questo si può sottolineare come nella creazione Dio non *passa* con la sua essenza nel finito, attraverso il nulla, ma *annichila* il Nulla con un atto creativo *personale* che è espressività di Essere-Sapienza-Amore. Cfr. Mario Pangallo, *Il nulla ha un posto nella metafisica?* In: Stephen L. Brock (ed.), *Tommaso d'Aquino e l'oggetto della* metafisica. Roma: Armando, 2004, p. 114. Al contrario in questo quadro il *nulla* che riguarda l'umano è esistentivo, ovvero riguarda una dinamica trasformativa-unitiva che ha nell'amore la sua via e la sua meta.

[33] Cfr. Giovanni Della Croce, *Cántico Espiritual.* Madrid: Fundación Universitaria Española, 1981 [tr. it. di N. von Prellwitz, *Cantico Spirituale.* Milano: Rizzoli, 1998, pp. 65 e ss.].

Il mistico per saziare la sua fame di vita si apre alla totalità della vita, facendo spazio. Questo implica accogliere la vita nei suoi opposti (*nulla-tutto*) e radicarsi in una riconciliazione degli enti nel non-essere-per-amore dell'essere che si dona.

María Zambrano insiste sul fatto che la natura mistica è propria dell'umano.[34] Essa trascende persino il cristianesimo, tanto che paradossalmente esiste misticismo anche senza cristianesimo, sebbene in esso conosca una sua singolare realizzazione. Come accennerà nel suo *L'uomo e il divino* è in Cristo la *forma* dell'esistenza.[35] È l'amore a operare la spinta alla trascendenza. L'essere umano avverte dentro di sé la spinta ad aprirsi ad un qualcosa che lo interpella. Il nulla dell'amore, come abbiamo accennato, non è il fine, ma il mezzo attraverso il quale l'anima valica i limiti di se stessa per trasformare l'essere umano stesso in puro amore. Così al fondo della solitudine individuale si apre la vocazione di ogni essere umano a realizzarsi agapicamente.

Il grande paradosso è che questa crescita, questo poter diventare se stessi, chiede il morire all'inautentico, intenso come trasformazione. L'amore come agente di trasformazione è spinta all'oltrepassamento di una ciclicità piatta.[36] Un tratto di questo amore è la reciprocità e questa reciprocità porta ad una dilatazione dell'io: vi è un superamento psichico ed uno morale che María Zambrano chiama *distruzione* dell'anima o suo *annichilimento*. La *distruzione* dell'anima non va intesa, come già accennato, come estinzione dell'io, ma come sete di vita che fa trascendere l'io in altro. Questo trascendersi è dunque purificazione della parte più profonda della persona, la sua anima, nel fuoco dell'amore che lascia essere l'essenziale e fa brillare il proprio dell'io. Tale processo di realizzazione di sé inscritto nell'anima viene descritto dalla filosofa con queste parole:

> Come ogni vera creazione, si serve di ciò che la circonda come se fosse un meccanismo, l'anima non è che un insieme di dispositivi che possono venir usati in un senso diverso da quello per cui ci sono stati dati, che possono convertirsi in istrumenti per una diversa finalità. Così come è, la nostra anima non tende a nulla; senza il fuoco dell'amore il suo moto sarebbe circolare e non avrebbe una direzione. Perché trovi la direzione occorre fissarla e rapirla nel fuoco, come accadde al profeta Elia.[37]

Attraverso l'evidenza filosofica, nome filosofico di ciò che la mistica e la religione chiamano Rivelazione, la nostra filosofa approda dunque a questa descrizione.

---

[34] Cfr. Antonio Bergamo, *Identità reciprocanti. Figure e ritmica di antropologia trinitaria*. Roma: Città Nuova, 2016, pp. 95-105.

[35] Cfr. María Zambrano, *L'uomo e il divino*. Roma: Edizioni Lavoro, 2009, pp. 234-252.

[36] Nel dato biblico la consistenza della creatura è nel suo *stare fuori* e *andare verso*, nell'apertura alla Sorgente creatrice del suo essere che è amore: Cfr. Bruno Forte, *L'eternità nel* tempo. Cinisello Balsamo: Edizioni Paoline, 1993, pp. 31-32.

[37] María Zambrano, «Appendice: S. Giovanni della Croce, dalla notte oscura alla più chiara mistica», *op. cit.*, p. 117.

Il *nulla* esistentivo è il passaggio dal non-io all'io, dal virtuale all'attuale, nel quale il virtuale è sempre presente come spinta dell'amore alla volontà nelle possibilità che lo interpellano, mediante la relazione originaria che accompagna e struttura il reale.[38] La persona si apre alla sua identità più vera uscendo fuori da sé, liberandosi dalle zavorre dei condizionamenti psichici e morali, per realizzarsi nelle sue potenzialità.[39] Nel suo uscire da sé, scrive María Zambrano:

> non è il *nulla*, il vuoto, ciò che attende l'anima (...); né la morte, bensì la poesia, ove si trovano interamente presenti tutte le cose, "le montagne, le valli solitarie e boscose, le isole strane, i fiumi sonori, il soffio delle aure amorose. La quieta notte aperta al levarsi dell'aurora. La musica taciuta, la solitudine sonora" (...). Tutto, tutto è presente, con una fragranza che lo fa come appena uscito dalle mani del Creatore.[40]

La persona acquisisce in tal senso una visione più profonda della realtà ovvero una esperienza dell'unità intrinseca dell'essere in sé e fuori di sé. Recupera uno sguardo capace di stupore e di ospitale accoglienza di ciò che è altro da sé poiché consapevole di sé. Qui si realizza quello che María Zambrano chiama «perfetta unità di amore e di conoscenza. Unità che, per tradizione, non ha altro nome che quello di oggettività».[41]

Il *farsi* dell'identità nel tempo è frutto del trascendersi per amore e nell'amore. Amore inteso come *koinonia* sorgiva. Tale trascendersi è quindi abbandono, ritmica fiduciale del riceversi e del protendersi verso ciò che è Altro.

L'amore tende a un oggetto che è il darsi dinamico di una relazione costantemente attinta nell'aprirsi. Nell'amore il soggetto tende all'amato, e l'amore stesso è l'agente del processo di *distruzione* e *superamento* della forma inautentica. In questo movimento tensionale l'amore *distrugge* ciò che separa l'io dalla sua autenticità nell'oggetto del suo amore.

Questo *distruggere nel tendere* è un processo di incremento dell'essere-se-stesso nel suo aprirsi alla realtà. Il pensiero non si riduce a mero pensiero dell'Io, ma è implicato in una interrelazione che supera il rapporto soggetto-oggetto, mediante un trapasso qualitativo, dato dal tendere nell'amore, verso l'Origine. L'identità cresce tanto quanto

---

38 Operando un confronto con la posizione heideggeriana a tale riguardo Roberto Mancini evidenzia come tale nulla possa essere un tendere verso ciò che non è dell'individuo, che nella tematizzazione zambraniana è apertura a Dio-amore e dilatazione della capacità umana di amare e vivere in pienezza: Cfr. Roberto Mancini, *Esistere nascendo, op. cit.*, pp. 101-111.

39 In questa prospettiva Massimo Cacciari evidenzia che si tratta del passaggio «dall'*ordo et connexio rerum* filosofico-metafisico all'*ordo et connexio amoris* tra *logos* e *pathos*, tra ragioni della mente e ragioni del cuore, tra coscienza e viscere dell'anima, tra il complesso delle dimensioni dell'esserci e il cosmo tutto». Massimo Cacciari, «María Zambrano, un sapere dell'anima». *Vita & Pensiero* [Milano], 2, 2023, p. 101.

40 María Zambrano, «Appendice: S. Giovanni della Croce, dalla notte oscura alla più chiara mistica», *op. cit.*, p. 119.

41 *Ibid.*

tende a realizzarsi nell'amore mediante il non-essere dello spogliarsi di ciò che la appesantisce.

Il desiderio chiede di essere accompagnato. Esso possiede una dimensione soggettiva, la quale domanda di trascendersi compiutamente senza implodere nel possesso del suo oggetto.[42] Il desiderio per compiere il suo anelito necessita dell'amore come agente di trascendenza che compie una trasformazione, pertanto «l'oggetto dell'amore differisce dall'oggetto del desiderio per essere qualcosa che il possesso non distrugge».[43] Il desiderio oltrepassa se stesso nel tendere al di là della brama di possesso. L'oggettività è possibile solo a partire dall'amore, dalla tensione ontologica all'altro da sé, proprio perché, in un certo senso, l'oggettività è l'amore stesso: «l'amore riposa solo nella realtà, ma nella realtà che possiede una figura».[44] Il nulla esistentivo è dunque passaggio necessario mediante il quale la presenza non viene ridotta ad oggetto, ma accolta nella sua integralità.

## 6. Tra mistica e poesia

Quando María Zambrano invita ad andare oltre la superficie dell'essere e della conoscenza, sta invitando a varcare i confini ristretti del solipsismo, che sono per lei risacca della paura dell'umano di uscire fuori dal bozzolo della propria finitezza.

I processi mentali sono ad esempio «la parte superficiale di un processo assai più profondo, al quale l'amore ha contribuito sospendendo l'istinto con la passione».[45] Il *sentire originario* che orienta l'incedere temporale invita a considerare l'aprirsi nella fede come dinamica trasformativa. Gli istinti sono presenti ma sono elementi di superamento di sé, il desiderio è energia che spinge all'A/altro da sé.

Quando si rimane impantanati in un soggettivismo tipico di una certa filosofia moderna, per Zambrano, si rischia di perdere di vista tutto un versante dell'esistenza. Il filosofo infatti non si muove *dal fondo dell'anima*, «non parte quando "già la sua casa è tranquilla", ma ne esce con tutto ciò che in lui vi è di desto: passioni, affanni, istinti...».[46] Sostanzialmente la teoria a cui il filosofo giunge spesso non è agganciata al fondo dell'essere, a «ciò che deve avvenire nella nostra interiorità affinché la conoscenza oggettiva si realizzi».[47]

---

[42] Come evidenzia Roberto Mancini «la tensione del desiderio umano punta a una qualche visibilità dell'invisibile, vuole che ciò che è ancora oscuro venga alla luce, proprio come accade nella nascita biologica con l'uscita dal grembo materno». Roberto Mancini, *Esistere nascendo, op. cit.*, p. 55.

[43] María Zambrano, «Appendice: S. Giovanni della Croce, dalla notte oscura alla più chiara mistica», *op. cit.*, p. 119.

[44] *Ibid.*, p. 121.

[45] *Ibid.*

[46] *Ibid.*

[47] *Ibid.*

La via filosofica rischierebbe di diventare dunque un vagare ciclico dentro una interiorità ripiegata su se stessa. Un'altra via è quella che si può percorrere: quella della poesia. Essa è oggettiva perché vive dell'immediatezza evidente dell'essere nel suo darsi. Un darsi ontologico che si realizza nel momento stesso del suo riceversi. Un darsi che è percepito come ammirazione dell'io che si apre a ciò che è altro da sé tanto che la Zambrano si slancia in questa affermazione: «La poesia è *tutto*; il pensiero scinde la persona, mentre il poeta è sempre *uno*».[48]

Il punto di partenza fra il filosofo e il poeta è diverso, si può credere che la ragione sia il fondo ultimo di tutte le cose, ma si può anche ridurre in forma filosofica la consapevolezza del fondo ultimo dell'essere che è la singolarità partecipativa del *Logos* incarnato. Si tratta per María Zambrano di radicare il metodo della filosofia in una forma più profonda di apertura al darsi dell'essere, recuperando quanto la poesia custodisce. In tale prospettiva individua una similitudine tra la tecnica di annullamento delle potenze dell'anima descritta nella *Salita al monte Carmelo* di Giovanni della Croce e la riduzione delle passioni nell'*Etica* di Spinoza.[49]

La persona che diventa se stessa percepisce una dilatazione della sua interiorità abitando umanamente l'immanenza che le è donata e scoprendo al fondo di essa la trascendenza. Tale trascendenza immanente è *fare segno* nella forma di una promessa che invita al compimento.

## In conclusione

Nell'intreccio tra la mistica di Giovanni della croce e il pensiero filosofico di María Zambrano emerge una epistemologia esistenziale. La fonte mistica alla quale la filosofa spagnola si abbevera è realtà che interpella l'essere umano, nel riconoscere la *paupertas* del conoscere. Il suo è un tentativo di andare al di là dei limiti di un certo razionalismo ed idealismo tipici della modernità, per recuperare quella sapienza poetica all'origine della stessa filosofia. La Parola come potenza originaria attraversa e circoscrive gli spazi parlati e silenti, in cui Dio fra breccia, e manifestandosi quale realtà dinamica sovraessenziale, amore pericoretico. L'essere è relazione, la realtà è intessuta dal darsi reciproco che ne segna responsivamente la struttura. La forma cristologica sembra essere *s-fondo* del reale da cui prende il via l'originarsi delle forme creaturali e il risuonare in esse del *sentire originario*. Il *nulla esistentivo* sembra costituire dunque una categoria modale. In María Zambrano emerge un realismo di ispirazione mistica, tale realismo «è uno sguardo ammirato sul mondo che vi si depone senza nessuna pretesa di ridurlo a qualcos'al-

[48] *Ibid.*, p. 123.

[49] Cfr. *Ibid.*, p. 124.

tro».[50] La mistica stessa è realismo, apertura alla realtà che conosce attraverso l'amore, poiché la relazione autentica che innerva il reale e che lega l'essere umano a ciò che lo circonda è l'amore, il quale «non nasce in noi; ci attraversa. È lui che ci afferra, che ci riporta al nostro essere, che ci strappa al mondo della confusione».[51] L'essere umano diventa pienamente se stesso mediante questo distendersi nella relazione attraverso l'amore che lo interpella e lo coinvolge, lo lega a Dio e lo rinvia verso gli altri. Se, come sosteneva Martin Heidegger, solo (un) Dio ci può salvare, María Zambrano rintraccia nell'evento pasquale i tratti di questo accadere della salvezza, attingendo con pudore teoretico e discrezione dalla mistica di Giovanni della Croce quei segnavia che accompagnano il cammino dell'essere umano, sempre esposto alla lacerante esperienza dell'abisso e della finitezza, eppure sempre raggiunto dalla luce aurorale che dal basso e dall'alto, simultaneamente, lo interpella.

## Riferimenti bibliografici


BERGAMO, Antonio, *Identità reciprocanti. Figure e ritmica di antropologia trinitaria*. Roma: Città Nuova, 2016.

BUNDGÅRD, Ana, *Más allá de la filosofía. Sobre el pensamento filosófico-místico de María Zambrano*. Madrid: Trotta, 2000.

CACCIARI, Massimo, «María Zambrano, un sapere dell'anima». *Vita & Pensiero* [Milano], 2, 2023.

DE LUCA, Pina, *Il logos sensibile*. Soveria Mannelli: Rubettino, 2004.

DE LUCA, Pina, «Introduzione». In: ZAMBRANO, María, *Filosofia e poesia*. Bologna: Pendragon, 2005.

FALQUE, Emmanuel, *La Chair de Dieu*. Paris: Cerf, 2023.

FERRUCCI, Carlo, «Post-fazione». In: ZAMBRANO, María, *Chiari del Bosco*. Milano: Mondadori, 1991.

FILIERI, Ludovica, *Nel cuore di Spinoza*. In: ZAMBRANO, María, *La salvezza dell'individuo in Spinoza*. Roma: Castelvecchi, 2021.

FORTE, Bruno, *L'eternità nel tempo*. Cinisello Balsamo: Edizioni Paoline, 1993.

GAITÁN DE ROJAS, José Damián, *Negación y plenitud en san Juan de la Cruz*. Madrid: EDE, 1995.

GAITÁN DE ROJAS, José Damián, «Comunione e negazione in san Giovanni della Croce». In: AA.VV., *Il Nulla-tutto dell'amore. La teologia come sapienza del Crocifisso*. Roma: Città Nuova, 2013.

GIOVANNI DELLA CROCE, *Cántico Espiritual*. Madrid: Fundación Universitaria Española, 1981 [tr. it. di N. von Prellwitz, *Cantico Spirituale*. Milano: Rizzoli, 1998].

GIOVANNI DELLA CROCE, *Cantico spirituale*. In: *Tutte le opere*. Milano: Bompiani, 2014.

HEIDEGGER, Martin, *Che cosa significa pensare?* Carnago (Va): Sugarco, 1996.

LAURENZI, Elena, *Il pensiero di María Zambrano*. Udine: Forum, 2005.

MANCINI, Roberto, *Esistere nascendo. La filosofia maieutica di Marìa Zambrano*. Assisi: Cittadella Editrice, 2012.

MORENO SANZ, Jesús, *El Logos oscuro. Tragedia, mística y filosofía. El eje de «El hombre y lo divino», los inéditos y los restos de un naufragio*, vol. II. Madrid: Verbum editorial, 2008.

OFILADA MINA, Macario, «Recuperación del sentido auténtico de "nada" como valoracióm en san Juan de


[50] Pina DE LUCA, «Introduzione». In: María ZAMBRANO, *Filosofia e poesia*. Bologna: Pendragon, 2005, p. 14.

[51] María ZAMBRANO, *La salvezza dell'individuo in Spinoza*, *op. cit.*, p. 54.

la Cruz mediante el concepto de "mundo" hacia la relación Dios-Hombre». *Studium: Revista cuatrimestral de filosofía y teología* [Madrid], 38, nº 3, 1998, pp. 445-462.

ORTEGA MUÑOZ, Juan Fernando, *Introducción al pensamiento de María Zambrano*. Madrid: Fondo de Cultura Económica, 1994.

PALMENTURA, Eleonora, *Anche se è notte. Lineamentio di un'antropologia aurorale tra María Zambrano e Giovanni della Croce*. Bari: Ecumenica editrice, 2021.

PANGALLO, Mario, «Il nulla ha un posto nella metafisica?». In: BROCK, Stephen L. (ed.), *Tommaso d'Aquino e l'oggetto della metafisica*. Roma: Armando, 2004.

SAVIGNANO, Armando, *María Zambrano. La ragione poetica*. Genova-Milano: Marietti, 2004.

ZAMBRANO, María, *Verso un sapere dell'anima*. Milano: Raffaello Cortina Editore, 1996.

ZAMBRANO, María, *Quasi un'autobiografia* (a cura di Elena Laurenzi). *Aut-Aut* [Milano], 279, 1997, p. 125.

ZAMBRANO, María, *Dell'aurora*. Genova-Milano: Marietti, 2000.

ZAMBRANO, María, *Persona e democrazia*. Milano: Bruno Mondadori, 2000.

ZAMBRANO, María, *Il sogno creatore*. Milano: Bruno Mondadori, 2002.

ZAMBRANO, María, *La confessione come genere letterario*. Milano: Mondadori, 2004.

ZAMBRANO, María, *Note di un metodo*. Napoli: Filema, 2008.

ZAMBRANO, María, *L'uomo e il divino*. Roma: Edizioni Lavoro, 2009.

ZAMBRANO, María, *Luoghi della poesia* (a cura di Armando Savignano). Milano: Bompiani, 2011.

ZAMBRANO, María, *La salvezza dell'individuo in Spinoza*. Roma: Castelvecchi, 2021.

ZOLLA, Elémire, *Uscite dal mondo*. Milano: Adelphi, 1992.

Antonio BERGAMO

# CORPORATE CATHOLIC RESPONSIBILITY: A THEOLOGICAL PERSPECTIVE OF BUSINESS ADMINISTRATION

**Eduardo GÓMEZ MELERO**

Universidad Católica de Murcia
egomez@ucam.edu
Núm. ORCID: 0000-0003-0421-8210

**Eva LÓPEZ GONZÁLEZ**

Centro Universitario de la Defensa San Javier
eva.lopez@cud.upct.es
Núm. ORCID: 0000-0001-9520-1291

**José TORRES-REMÍREZ**

Universidad de las Hespérides y Escuela de Negocios EUNCET
torresremirez13@gmail.com
Núm. ORCID: 0000-0002-2967-0548

Article rebut: 20/04/2024
Article aprovat: 26/09/2024
DOI: 10.60940/comprendrev26n2id431740

## Abstract

This article aims to contribute to the search for a new vision of business management and corporate responsibility in companies, by applying the principles of the Catholic Social Teaching, and thus overcome the mercantile vision that dichotomizes the mission of for-profit and not-for-profit companies. It points out the need to rethink a new role for companies within society. As a solution, a theological perspective on business is offered, which enables the development of a business philosophy to overcome the problems and deficiencies detected in the application of management models known to date. Corporate Catholic Responsibility represents a new corporate vision that takes the common good as its fundamental reason. It is a new approach that takes into account the integral reality of man and argues that the corporate responsibility of the company should not be limited to the social sphere.

**Key words:** Corporate Catholic Responsibility, Catholic Social Teaching, Common Good, Performance.

## 1. Introduction

In a changing global environment, new and very difficult challenges for the economy, and for society as a whole, are looming, demanding new paradigms and strategies in favor of organizational performance and the common good. The etymology of the word responsibility is anchored in the terms re- (return to) and spondere (commit). Ultimately, sponsus (husband, bridegroom) is grounded in spondere. It follows that «to be responsible for a thing is to be bound to that thing by ties analogous to those that bind husband and wife». As a result of said commitment, each part of marriage should reciprocate to another one, which is why responsibility transgresses moral and legal obligations, and it is directed towards what man loves.[1] Along these lines, corporate responsibility, in the broadest sense of the term, is closely linked to religion to the extent that some experts consider that religion and its multiple theological contributions originated Corporate Social Responsibility.[2] In fact, prior to 1960, the main activity in the study of business ethics was carried out by the Catholic Social Teaching (hereafter CST) through social encyclicals, and also by some authors in the Protestant tradition.[3]

To date, the results obtained in the field of study linking religion and CSR has been contradictory. Particularly, the significant effects of religious piety in managers honesty and risk aversion, depends on the strength level of piety.[4] However, CST offers a wealth of literature that addresses social issues as well as the ethical and social need for responsible corporate behaviour.[5] The rationale of this article is to delve deeper into the application of CST in the business world, especially in the field of corporate responsibility. Based on the assumption that CSR improves the competitiveness of companies,[6] all entrepreneurs could benefit from the contributions of CST in this regard. In fact, there is already work pointing to a significant contribution of CST to competitiveness and sustainability.[7] Additionally, CSR is considered a form of

---

[1] Cfr. Gustave Thibon; José Antonio Millán, *El equilibrio y la armonía*. Barcelona: Ediciones Rialp, 1978.

[2] Cfr. Dominik Van Aaeken; Florian Buchner, «Religion and CSR: A Systematic Literature Review». *Journal of Business Economics*, vol. 90, 2020, pp. 917-945.

[3] Richard T. De George, «The status of business ethics: Past and future». *Journal of Business Ethics*, vol. 6, 1987, pp. 201-211.

[4] Cfr. Pattanaporn Chatjuthamard-Kitsabunmarata; Pornsit Jiraporn b; Shenghui Tong, «Does religious piety inspire corporate social responsibility (CSR)? Evidence from historical religious identification». *Applied Economics Letters*, vol. 21/16, 2014, pp. 1128-1133.

[5] Cfr. Martin Calkins, «Recovering religion's prophetic voice for business ethics». *Journal of Business Ethics*, vol. 23, 2000, pp. 339-352.

[6] Cfr. Carmelo Reverte; Juan Gabriel Cegarra-Navarro; Eduardo Gómez Melero, «The influence of corporate social responsibility practices on organizational performance: evidence from Eco-Responsible Spanish firms». *Journal of Cleaner Production*, vol. 112, 2016, pp. 2870-2884.

[7] Cfr. Martijn Cremers, «What corporate governance can learn from catholic social teaching». *Journal of Business

innovation,[8] particularly a social and organizational innovation, and innovations are in turn considered a source of competitive advantage.[9] Thus, CSR innovations from CST could enhance business competitiveness. Moreover, there are inspiring principles of competitiveness such as dignity of the person, common good, solidarity, or subisidiarity, which can enhance CSR,[10] such principles are the basis of CST.

The aim is to shed light from multidisciplinary postulates, not sufficiently studied or applied in the field of business administration, and thus offer an alternative approach within business ethics, but going further, assuming the configuration of a new model of corporate responsibility.

A corporate responsibility of Aristotelian philosophy, and Catholic spirit, can overcome the notion of CSR known until now, resolving its deficiencies and limitations. This new corporate responsibility would be framed within the so-called Ethical Theories, and within which, the Common Good Approach, an approach not consolidated in comparison with Freeman's Stakeholder Theory (1984),[11] but with a potential that is not sufficiently developed.[12]

The company is part of a larger whole called Society with which it interacts, therefore, it must be an active contributor to the good of the society in which it participates. Let us not forget that according to the General Systems Theory, the company is a system in constant relationship with its environment, i.e., it is a subsystem that belongs to a wider system. The consideration of the company as a basic social body (i.e., a community of people within a larger community), and a mediating structure, brings up a series of ethical implications that enable the application of CST to business.[13]

That said, in terms of economic and social objectives, CSR theories can be grouped into the search for long-term benefits, responsible institutional use, internalization of social demands, and the common good.

---

*Ethics*, 145, 2017, pp. 711-724.

[8] Cfr. Maciej Zastempowski; Szymon Cyfert, «Social responsibility of SMEs from the perspective of their innovativeness: Evidence from Poland». *Journal of Cleaner Production*, vol. 317, 2021, p. 128400.

[9] Cfr. Massimiliano Mazzanti; Paolo Pini; Emanno Tortia, «Organizational innovations, human resources and firm performance. The Emilia-Romagna food sector». *The Journal of Socio-Economics*, 35, 2006, pp. 123-141.

[10] Cfr. UNIAPAC, «La rentabilidad de los valores: una visión cristiana de la Responsabilidad Social Empresarial». Ciudad de México: Multicolor-Industria Gráfica, 2008.

[11] Cfr. R. Edward Freeman, *Strategic Management: A Stakeholder Approach.* Cambridge: Cambridge University Press, 2010.

[12] Cfr. Elisabet Garriga; Domenec Melé, «Corporate Social Responsibility Theories: Mapping the Territory». *Journal of Business Ethics*, vol. 53, 2004, pp. 51-71.

[13] Cfr. Gregorio Guitián, «Business as a mediating institution through service: a view of business firm». *Angelicum*, vol. 94/4, 2017, pp. 757-780.

## 2. Company and Common Good

First of all, the common good is very different from the notion of *general interest*, since the latter refers to a global entity without identifying and discerning each of the persons in the community under analysis, whereas the common good is concerned with the provision of the goods necessary for the development and perfection of mankind; of each one of them. According to the *Catechism of the Catholic Church*, the principle of the common good is based on the dignity, unity and equality of persons and is defined as:

> The principle of the common good, to which every aspect of social life must be related if it is to attain its fullest meaning, stems from the dignity, unity and equality of all people. According to its primary and broadly accepted sense, the common good indicates «the sum total of social conditions which allow people, either as groups or as individuals, to reach their fulfilment more fully and more easily».
> The common good does not consist in the simple sum of the particular goods of each subject of a social entity. Belonging to everyone and to each person, it is and remains «common», because it is indivisible and because only together is it possible to attain it, increase it and safeguard its effectiveness, with regard also to the future. Just as the moral actions of an individual are accomplished in doing what is good, so too the actions of a society attain their full stature when they bring about the common good. The common good, in fact, can be understood as the social and community dimension of the moral good.[14]

Such a principal can only be achieved if people work together.[15]

This notion is different to the concept of common good of Machiavelli's perspective, based on a free way of style (sum of individual goods). This is the majority perspective.[16] Then this new approach of the CCR change the corporation perspective into human dignity (good of society, good other forms of social life and good of the individuals).

There are many ways in which a corporation can contribute to the common good of the wider society and the local community: promoting the economic and social development of the area, providing goods and services to the population, ensuring the dignity of people and their fundamental rights, and improving living conditions. People who belong to a community are united by common objectives and share goods as a result of their membership.[17] The common good approach argues that the company,

---

[14] Pontificial Council for Justice and Peace, *Compendium of the social doctrine of the Church*, 12 of January 2023.

[15] Cfr. Antonio Vaccaro; Alejo José Sison, «Transparency in Business: The Perspective of Catholic Social Teaching and the "Caritas in Veritate"». *Journal of Business Ethics*, vol. 100, 2012, pp. 17-27.

[16] Cfr. Sandrine Frémeaux, «A common good perspective on diversity». *Business Ethics Quaterly,* vol. 30/2, 2020, pp. 200-228.

[17] Cfr. Domenec Melé, «Integrating Personalism into Virtue-Based Business Ethics: The Personalist and the Com-

like any institution, must look after the common good, given that it is part of a society in which it interacts. From the perspective of the common good, it is possible to understand the role that ethical issues must play in the responsibilities that the company must assume, and their impact on business management.[18]

The sense of the common good advocated by CST has its origin in the Thomistic premise of human perfection in the search for God as the ultimate goal, and in the Aristotelian classification of goods into material and intangible or soul goods. The company in the search for its own perfection, that of each of the people who form it, and of the community it serves; can achieve economic results and contribute to the virtuousness of its human group and of society as a whole, providing virtues and knowledge.[19] Therefore, the generation of wealth and added value by companies is not incompatible with generating non-material goods that contribute to the improvement of the person, and even the generation of the latter can contribute to the increase of the former: the improvement of the person as a recipient of the two categories of goods can be a source of competitive advantage for companies that are committed to a Thomistic conception of human perfection and to the sense of the common good of CST.

To this end, it is crucial to recognize the company as a mediating institution and generator of the common good, over and above its role as an economic unit. Two requirements must be met by any organization in order to be a mediating institution:[20]

A) The transmission of personal values and beliefs to other institutions of the same or higher level (State, large corporations, etc). These are values and beliefs that form part of the company's personality and can be shared with other organizations.

B) In order to add meaning and identity to people's lives, both to those attached to the company itself and to those belonging to other communities, or to society in general. In other words, for the company to be not only a source of economic value creation, but also of moral and existential value.[21]

## 3. Importance of the Catholic Social Teaching in business organization

Within a business organization, in order to ensure the survival, stability and growth of the business, a balance must be struck between economic and non-economic fac-

mon Good Principles». *Journal of Business Ethics*, vol. 88, 2009, pp. 227-244.

[18] Cfr. Ericka Costa; Tommaso Ramus, «The Italian Economia Aziendale and catholic social teaching: How to apply the common good principle at the managerial level». *Journal of Business Ethics*, vol. 106/1, 2012, pp. 103-116.

[19] Cfr. Gregorio Guitián, «Business as a mediating institution through service: a view of business firm», *op. cit.*

[20] Cfr. *Ibid.*

[21] Cfr. Timothy L. Fort, *Ethics and governance: Business as mediating institution.* Oxford: Oxford University Press, 2001.

tors.[22] Based on its capacities as an engine of development and a driver of social change, the business must face the challenge of reinventing itself, assuming its role as a basic social body and intermediate institution and giving meaning to the lives of a great many people while at the same time tackling the socio-economic problems of the moment.

The CST establishes a set of principles for a new conception of business based on combining economic objectives with human dignity, universal sharing of goods, solidarity, subsidiarity, social justice, and the common good. A series of principles applicable to any company, whether public or private, profit or non-profit, overcoming the classic dichotomy between one and the other, as they can all act to improve markets and the satisfaction of human needs.[23] It follows that the company is first and foremost a human organization: the good of the company must be common to its members and exported to the rest of society. It is possible to speak of a Catholic Corporate Responsibility, as the personal dimension prevails over the already known corporate dimensions (economic, social, and environmental). In this way, new ethical values are assumed, and new resources and strategic capacities could be developed. A holistic understanding of the person is possible if it is defined in its full dimension.

Christian thinking and its conception of the human being can give the company a higher dimension in various areas, including that of competitive success. UNIAPAC points in this direction in its 2008 publication: *Profitability in Values*. A Catholic vision of Corporate Social Responsibility, which addresses the need to apply the Church's social thinking to the sphere of corporate responsibility, i.e., to put the theological virtues of faith, hope and charity into practice in the business economy.[24] The aim is to see how to inspire and guide corporate responsibility from a Catholic perspective, and specifically to apply the magisterium of the Church to the strategic planning of companies. At the same time, it highlights the fact that this magisterium is capable of offering a viable alternative in the business world.

The basic premise of the CSR known so far is the commitment to society beyond legality. Christian philosophy and the Catholic Social Teaching more than fulfil this premise, as they are not satisfied with legal requirements but impel companies (and the rest of society) to look after the common good. The common good is understood as a sum of social living conditions that enable different groups and members to achieve their own fulfilment.[25] Furthermore, CST has been a source of inspiration for business

---

[22] Cfr. Peter F. Drucker, *Management challenges in the XXI Century.* New York: HarperCollins Publishers, 2001.

[23] Cfr. Ericka Costa; Tommaso Ramus, *op. cit.*

[24] Cfr. UNIAPAC, *op. cit.*

[25] Cfr. William J. Byron, «Framing the principles of Catholic social thought». *Catholic Education: A Journal of Inquiry and Practice*, vol. 3/1, 1999, pp. 7-14.

ethicists. The literature on the application of CST in business ethics is rather new in terms of topicality, although interest in its study is growing.[26] Just as CST can be a source of inspiration for a new model of diplomatic relations within the business organization, it can also be a source of inspiration for a new model of corporate responsibility that could be called Corporate Catholic Responsibility (CCR).

CST predates CSR by a long way. While in the academic world, the debate on what the nature of business and the scope of CSR should be was born in the 1960s in the middle of the 20th century, the Church's contributions to this subject are more than a century old, warning that the purpose of any business must go beyond generating economic benefits. Such contributions to the business world are part of the being of the Church in itself and in its responsibilities to the society in which it lives, as CST is an indispensable part of the Catholic faith.

The substantial difference between CCR and CSR is that the former is based on the theory of the common good given by CST, and the latter on the theory of stakeholders. From an anthropological point of view, CSR offers a utilitarian perspective of business, so much so that many of the theoretical approaches and studies on CSR are aimed merely at satisfying the particular interests of the groups affected by the company, offering in this sense a reductionist vision of human relations and business.[27] CCR, on the other hand, offers a meta-economic perspective, in order to look after the common good, which is something beyond the contractual relationships that govern the interests of the individual, and the interests of the group.[28] In line with traditional CST thinking, a CCR conceives of company members as more than a collection of individuals with particular interests, but rather as «human beings with a moral orientation and ethical preferences».[29] Therefore, in a Christian-inspired corporate responsibility with Catholic foundations, the organization would not design a social responsibility strategy for stakeholders, but rather puts the status of a person before that of a member belonging to a group that is affectionate to the company.

The theory of the common good in business administration has two strands; the internal common good, and the common good external to the organization itself while in the Stakeholder Theory, studies generally focus on the social, economic, and environmental dimensions, based on the Triple Bottom line approach.

---

[26] Cfr. Andrew V. Abela, «Profit and More: Catholic Social Teaching and the Purpose of the Firm». *Journal of Business Ethics*, vol. 31, 2001, pp. 107-116.

[27] Cfr. Virginia López Nevárez; Bianca Denisse Zavala Féliz, «La responsabilidad social en las dimensiones de la ciudadanía corporativa. Un estudio de caso en la manufactura agrícola». *CIRIEC-España: Revista de Economía Pública, Social y Cooperativa*, 97, pp. 179-211.

[28] Cfr. Andrew V. Abela, *op. cit.*

[29] Cfr. Ericka Costa; Tommaso Ramus, *op. cit.*

## 4. Corporate Catholic Responsibility Model

A new understanding of corporate responsibility, known as CCR, must take the form of a new model. The graph above depicts a new perspective that uses the common good as the mediating variable of corporate responsibility. This variable has two dimensions that act in two areas of the organization: an internal and an external dimension. This distinction between an internal and an external dimension of the common good, can be found in the first «Green Paper Promoting a European framework for corporate social responsibility».[30] Through these dimensions, the company produces various types of results. The final outputs of CCR, mediated by the common good, are based on the concept of the triple bottom line, which means that a company's performance is manifested in three types of results: social, economic and environmental.[31] The perspective represents a corporate responsibility based on the implementation of CST principles, which, oriented towards the common good, generates different types of outcomes. CCR functions as the reflective construct of the model, while the principle of the common good acts as a mediating variable between CCR and the outcomes. The mediating variable operates through two perfective dimensions: the common good within the organization, and the common good external to the organization. This new model can be applicable and measurable, given that CCR as a form of corporate responsibility is a construct that could be tested, just as CSR has been tested in multiple research studies, both in SMEs[32] and in large companies.[33] As for the common good, which is the mediating variable, it can also be tested, using CST principles applied to factors that can function as indicators such as honesty in exchanges, fair wages, the moral nature of goods, or security and privacy in communication.

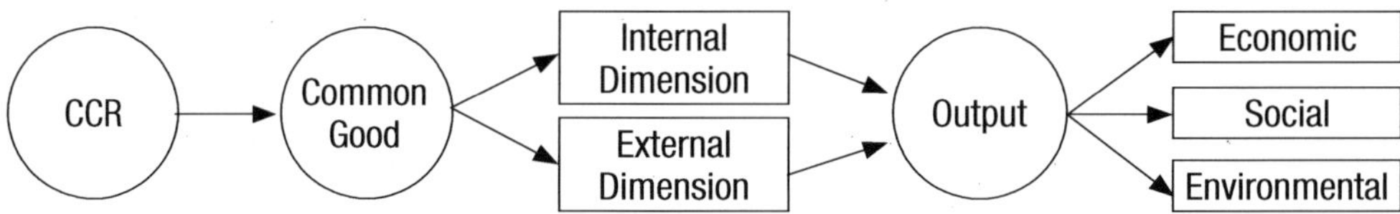


*Figure 1 Corporate Catholic Responsibility and Common Good*
(Source: Own Elaboration)

---

[30] Comission of the European Communities, *Green paper: promoting a European framework for corporate social responsibility*, 2001.

[31] Cfr. John Elkington, «Towards the Sustainable Corporation: Win-Win-Win Business Strategies for Sustainable Development». *California Management Review*, vol. 36, 1994, pp. 90-100.

[32] Cfr. Carmelo Reverte; Juan Gabriel Cegarra-Navarro; Eduardo Gómez Melero, *op. cit.*

[33] Cfr. Joscha Nollet; George Filis; Evangelos Mitrokostas, «Corporate social responsibility and financial performance: a non-linear and disaggregated approach». *Economic Modelling*, vol. 52, 2016, pp. 400-407.

As can be seen in figure 1, the CCR through the dimensions of the common good produces several types of outcomes. Via the internal dimension, the company produces a social outcome, related to the company's staff, and an economic outcome, in terms of economic viability that contributes to the survival, stability and growth of the organization and all its members. Via the external dimension, the company generates economic, social and environmental results. The economic result concerns customers and suppliers, the social result concerns the community in which the organization is placed, and the environmental result concerns the preservation of the environment.

A company that uses CST to implement corporate strategies will work on both aspects of the common good:[34]

A) Internal common good: since the common good of the company is a good shared by its members, it exceeds the mere aggregation of the private goods of the entire human group. Looking after the good of the company as a smaller company implies simultaneously taking care of private goods and shared goods.

B) External common good: looking after the good of the community, whether local, regional or national, in which the company operates, including the production of goods and services that satisfy the needs of society.

Both strands are interconnected and feed back into each other, i.e. even if the organisation has specific plans to improve the society in which it operates, through the internal common good, it will also contribute to the external common good.[35] The rationale and policies of CCR that could be developed in each dimension of the common good are outlined below.

## 4.1. Internal Common Good

### *4.1.1. Social Dimension*

On the basis that, as St. John Paul II said in his encyclical on work *Laborem Excercens* in 1981, a company is a community whose members are united by common goals, the application of one of the cardinal virtues: justice in the field of transactions is essential.[36] This also involves the employees in receiving fair remuneration, but from the point of view of justice as a cardinal virtue. Therefore, the agreement between the parties is insufficient to carry out economic transactions.[37] It is also necessary to com-

[34] Cfr. Alejo José G. Sison; Joan Fontrodona, «The Common Good of Business: Addressing a Challenge Posed by "Caritas in Veritate"». *Journal of Business Ethics*, vol. 100, 2011, pp. 99-107.

[35] Cfr. Ericka Costa; Tommaso Ramus, *op. cit.*

[36] Cfr. Juan Pablo II, *Laborem Exercens.* Città del Vaticano: Libreria Editrice Vaticana, 1982.

[37] Cfr. Jim Wishloff, «Solidarist economics: the legacy of Heinrich Pesch». *Review of Business*, vol. 27/2, 2006, pp. 33-46.

ply with a criterion of justice that is not merely economic, but moral: workers must receive a fair wage for all the inputs they bring to the company. The CST understands a fair wage as one that is sufficient to cover the livelihood of the worker and his family, even if the rest of the family can contribute.[38] By a living wage (this is, fair wage) we mean a wage that is sufficient to maintain a normal standard of living; in other words, a wage that is sufficient to lead a decent life (therefore always above the poverty line) and which, according to Heinrich Pesch, «corresponds to the level of cultural development of the particular society in question».

For the Stakeholder Theory, in the best scenario, the family unit would be an additional stakeholder group to those already known but considering the common good as the axis of the CCR, the family is a small community of individuals to which each member of the company belongs. Therefore, the internalization of the good of families is part of corporate responsibility policies with a Catholic vision. The increased concern for the family group further reinforces the CCR's overcoming of the Stakeholder Theory. The policy of a fair wage and other measures affecting the families of the company's members is channeled along these lines. It follows that guaranteeing a living wage to workers, while maintaining a sufficient level of profitability for the survival of the organization, is a priority for the company that implements the CCR.

Moreover, the CST, by distinguishing between the objective and subjective dimensions of work, gives preponderance to the subjective dimension, which will also have a decisive impact on the objective dimension: given the importance of human dignity, the subjective dimension will act on the product of work itself. Work, as an activity proper to man, allows him to develop his capacities. It is another sphere in which he dignifies himself and therefore a space that gives meaning to his existence.[39] In this sense, it will be a fundamental part of the mission of the company that applies the CCR to turn the company into a workplace that gives meaning to the existence of every one of its members. This is the crux of the subjective dimension: businesses must articulate up-to-date instruments that allow individuals in the organization to achieve a certain sense of identity through involvement in their professional activity. Along these lines, CST argues that work must be valuable and satisfying if it is to promote workers' well-being.[40]

---

[38] Cfr. Pío XI, *Quadragesimo anno.* Città del Vaticano: Libreria Editrice Vaticana, 1931.

[39] Cfr. UNIAPAC, *op. cit.*

[40] Cfr. Ferdinand Tablan, «Catholic social teachings: Toward a meaningful work». *Journal of Business Ethics*, vol. 128/2, 2015, pp. 291-303.

Given that Catholic Church as organization, might be a prominent example for stimulating creativity and teamwork,[41] the application of CST principles can foster these important elements of competitive performance. It is the spirit of collaboration linked to teamwork, which fosters discernment that in turn leads to organizational success: it generates a whole torrent of synergies in the form of new ideas, strategies, forms of organization, and in short, various forms of innovation, through human capital. This idea of a higher conception of business activity than the prevailing traditional model has the great advantage of: «making the company (and those who make it possible) better, being aware that it is working on a common project».[42] In other words, following the idea of common good defined by CST, the company will be able to better communicate the values of the company culture, increase the links between its members, and consequently create value for the company.

One of the paradigmatic features of the profile of a socially responsible and sustainable company is the sense of belonging.[43] The cohesion generated by the application of CST and the subsequent implementation of CCR can increase workers' sense of belonging to the organization, redefining their role and turning them into co-workers, a term understood as a group of people belonging to a business organization called to form part of a common project, thus constituting a basic social body with repercussions at all levels.

In order to foster a sense of belonging, the company as an economic institution and mediating society will promote the personal development of all members of the organization, giving priority to the subjective dimension of work over the objective. A corporate improvement in the professional, moral and even existential spheres, which could contribute to a long-term improvement in business performance. In this regard, Pope John Paul II said that the company must contribute to the improvement of each member of the organization, creating the appropriate conditions for the development of personal skills and a solvent production of goods and services.[44] On the way to strengthening the sense of belonging, care must also be taken to satisfy the social needs of the workers, which can be done without detracting one iota from the company's profitability and can even become a factor in increasing it. It thus becomes a good for the company and a good for society; in other words, meeting socialization needs can be good business for the company.[45]

---

[41] Cfr. Jon Sobrino, «Monseñor Romero y la doctrina social de la Iglesia». *Revista Latinoamericana de Teología*, 2020, 137-150.

[42] Cfr. Gregorio Guitián, «Business as a mediating institution through service: a view of business firm», *op. cit.*

[43] Cfr. Aldo Olcese, *El Capitalismo humanista*. Barcelona: Ed. Marcial Pons, 2008.

[44] Cfr. Juan Pablo II, *Centesimus Annus*. Città del Vaticano: Libreria Editrice Vaticana, 1991.

[45] Cfr. Timothy L. Fort, *op. cit.*

### 4.1.2. Economic Dimension

Corporate responsibility can, through various non-financial performance channels, generate competitive advantages for the company, making it a critical strategic variable that the company must take into account for long-term sustainability.[46]

Internally, the economic dimension consists of the creation of sufficient value to ensure the survival, stability and growth of the organization and its members: economic development of the company as a community of individuals and as an institution. In fact, the organization's managers must first and foremost ensure the survival of the organization.[47] This contradicts the classical economistic stance of profit maximization, because for the Catholic Church, profit cannot be an end in itself, but a means to reach higher levels with the common good as the ultimate goal. In the encyclical *Caritas in Veritate*, Pope Emeritus Benedict XVI emphasizes that prioritizing the maximization of profit makes the company forget that the «because» is more important than the «how», giving primacy to technology over everything else.[48]

Just as much of the business economics literature argues that the objectives of the firm must be framed in terms of survival, stability, and growth (i.e. in terms of corporate equilibrium), so CST agrees that profit is a regulator of the company's survival and therefore such an objective must be treated with a long-term perspective and made available to human and moral factors, which are at least equally important.[49] As an instrumental good, the fundamental role of profit is to contribute to the common good of the company. Knowing that without profit there will be no survival of the company, profit is therefore a regulatory instrument of corporate survival, as John Paul II described it in his encyclical *Centesimus annus*.[50] Moreover, profit-making is a necessary condition for the medium and long-term viability of the company,[51] and thus for future stability and growth. It cannot be said that it is not a good, although it has an instrumental character, although it is true that profit must be subordinated to the ultimate purpose of the organization, which is the common good of the company itself.

---

[46] Cfr. Pi-Hui Ting; Hisen-yu Yin, «How do corporate social responsibility activities affect performance? The role of excess control right». *Corporate Social Responsibility and Environmental Management*, vol. 25/6, 2018, pp. 1320-1331.

[47] Cfr. Luis Gonzalo Arce Burgoa, «La supervivencia como arma estratégica en mercados turbulentos». *Perspectivas*, vol. 19, 2007, pp. 61-73.

[48] Cfr. Benedicto XVI, *Caritas in Veritate. La Caridad en la Verdad.* Madrid: Ed. San Pablo, 2009.

[49] Cfr. Juan Pablo II, *Centesimus Annus*, *op. cit.*

[50] Cfr. *Ibid.*

[51] Cfr. Alejo José G. Sison; Joan Fontrodona, *op. cit.*

Corporate responsibility based on the idea of the common good can generate innovations. Corporate social responsibility strategies are predecessors of innovation.[52]

The application of the principles of CST, tend to a more proactive role of corporate responsibility, so that it becomes the axis of the company's strategic planning, because it determines the main objective: the common good. Since proactive social responsibility can significantly affect business competitiveness,[53] the more proactive corporate responsibility policies are, the greater the chances that their implementation will improve organizational performance. The starting point of any concrete strategy would be the interdependence between companies and the community to which they belong. Herein lies the great importance of the common good as the nexus of actors, and the primary variable of CSR according to CST. This is the basis for the company's sustainability strategy, in search of economic survival, stability and growth.

## 4.2. External Common Good

### *4.2.1. Social Dimension*

Externally, the company as a community and economic unit inserted in a larger community, will be responsible for efficiently producing and providing goods and services that meet the real needs of society as a whole,[54] and especially the market segments formed by the people to whom they are addressed. The production of goods and services appropriate for families and individuals to meet their needs, the commitment to the development of the local community, and to society in general, attending to the various needs of its members, are also priorities of the CCR, which adds to the material well-being of people, the care of their dignity and psychological integrity. The external social dimension encompasses the contribution to the development of local, regional and national communities. In this sense, a company can exercise such benefits following the virtuous circle explained:

> Socially responsible companies are competitive companies, more humane companies, they generate more and better paid jobs, thereby helping to strengthen the domestic market by reducing poverty, there is greater economic growth, more tax revenue, the government can invest more in infrastructure that supports the country's competitiveness, in

---

[52] Cfr. Dolores Gallardo-Vázquez; Mª Isabel Sánchez-Hernández, «Measuring corporate social responsibility for competitive success at a regional level». *Journal of Cleaner Production*, vol. 72, 2014, pp. 14-22.

[53] Cfr. Mark Porter; Michael Kramer, «Strategy and Society: the link between competitive advantage and Corporate Social Responsibility». *Harvard Business Review*, vol. 84/12, 2006, pp. 78-92.

[54] Cfr. Alejo José G. Sison; Joan Fontrodona, *op. cit.*

quality education, research and development, social spending that helps to reduce inequalities.[55]

Several studies have pointed out that companies can take on principles of a certain religiosity (such as those of CST) and transmit them to the local community, either through their members or through their actions (Su). Thus, the company can take part in charitable projects for the community in which it interacts, either on its own initiative or through collaboration with other organizations, or in activities of a diverse social nature. On the other hand, taking into account that corporate transparency is an ethical variable, which stems from principles such as fair treatment and freedom of choice, it will be a fundamental aspect to be managed by corporate governance. CST has much to say in this respect, as the impact that the application of CST principles can have on information transparency is scarcely researched and addressed in the business literature[56] and it is an issue that has been given increasing importance in relatively recent encyclicals of Pope John Paul II, Pope Benedict XVI and Pope Francis. According to the CST, transparency is postulated as a virtue both in the individual person and in a corporation, due to the relational dimension of the enterprise with the outside world; it is described as a virtue necessary to achieve unity and communion among people. In this line, Pope Benedict XVI provides precise rules by affirming that all financial transactions must comply with the requirements of transparency and fair and sincere intentionality in order to achieve beneficial results for the company. In the same vein, the Catechism states that all business information and communication processes must be based on respect for truth and charity (Juan Pablo II, Benedicto, Francisco).[57]

### 4.2.2. Economic Dimension

Christian thinking and CST consider that goods and services that fulfil the role of commodities, i.e. that can be traded, must be able to produce a potential good for people. They therefore exclude from the concept of «commodities» all those elements that, although they have a market value and are interchangeable, could be destructive for the material and spiritual life of people. This results in a greater care for customers and a greater commitment to society: companies practising CCR will discard the marketing of goods and services that are directly and indirectly unethical and contrary to

[55] Cfr. Peter F. Drucker, *op. cit.*

[56] Cfr. Antonio Vaccaro; Alejo José Sison, *op. cit.*

[57] Cfr. Juan Pablo II, *Centesimus Annus*, *op. cit.*; Cfr. Benedicto XVI, *op. cit.*; Cfr. Francisco, *Laudato Si.* Città del Vaticano: Libreria Editrice Vaticana, 2015.

the common good, because of the harmful effects they may have on the local communities around the business and on the customers themselves.[58]

As far as fair pricing is concerned, it turns towards the principle of equivalence, according to which no one should receive more than they give to others: the company should not abuse its dominant position and offer suppliers a remuneration lower than the value of the goods or services it receives. And what should this value be? The value in use (or ability to satisfy needs) would represent the fair exchange price. This is theorized by Heinrich Pesch. Thus, when the market value is lower than the value in use, the company that applies a Catholic CSR could pay suppliers with the latter of the two criteria to the detriment of the former, with the only restriction being the economic viability of the company. In line with the thinking of Heinrich Pesch, in order to determine supplier remuneration, in addition to market criteria, both the intrinsic value of the goods and a reasonable level of profit should be taken into account, while still offering products and services of a quality standard that meets the needs.[59] Efficiency and honesty are not incompatible. What is more, the human group of the company, working with economic and moral criteria, can improve its levels of efficiency, because the simultaneous assumption of both criteria helps it to improve. From this premise (efficiency-honesty), the value chain will function as a system that generates goods and services and as a transmitter of ethical quality. Thus, the product-service offered to clients must incorporate both economic quality and ethical quality.[60] In this way, customers not only receive a product with which to satisfy their needs, but also a series of values transmitted by the company. The same approach should be applied to relations with suppliers: as the company is a mediating institution capable of improving itself, it can contribute to a certain level of improvement of the suppliers with whom it does business. Fluid relations with suppliers, based on honesty and transparency, generate feedback that also facilitates improvements in procurement.

Analyzing the impact of ethical quality on reputation, previous research points to the power of corporate social responsibility to enhance reputation and brand image with consequent competitive advantages. In this regard, CST conveys that unity should be a corporate value, which has its impact outside the company and affects its reputation, because the lack of a good organization based on cooperation and coordination is not invisible in the eyes of customers and suppliers. Consequently, unity affects reputation, a variable that, on the other hand, affects organizational performance.[61] Implementing measures that promote unity as one of the hallmarks of

---

[58] Cfr. Jim WISHLOFF, *op. cit.*

[59] Cfr. *Ibid.*

[60] Cfr. Gregorio GUITIÁN, «Business as a mediating institution through service: a view of business firm», *op. cit.*

[61] Cfr. Wei-Nurn CHONG; Gilbert TAN, «Obtaining Intangible and Tangible Benefits from Corporate Social Responsibility». *International Review of Business Research Papers*, vol. 6/4, 2010, pp. 360-371.

corporate culture can strengthen or improve relationships with suppliers and customers, via reputation. Once unity is achieved, the implementation in the company of a sense of belonging and service to the community makes it an organization where four virtues are enhanced that are highly beneficial not only for society, but also for the organization itself, and which are reflected in external relations:[62]

a) Availability. Understood as the predisposition to attend to the needs of others, whether they are members of the company or external personnel (such as customers and suppliers). Obviously, this faculty updates and improves the ways and procedures of acting with customers and suppliers, but from a cultural perspective (serving the common good) rather than a strategic one.

b) Hard work. The capacity for work and a sense of professionalism can bring out the best in each employee, with the consequent competitive repercussions for the company in the outside world.

c) Diligence. The care, attention, and other aspects that stem from the dedication with which each member of the company's human group is employed, contributes to generating a better product-service for the clients.

d) Courtesy. Politeness in treatment will be an element that enhances the working environment and relations with other agents outside the company.

In this way, the virtues become organizational ethical values and, as we have been able to corroborate, have an impact on external relations and business performance.

### *4.2.3. Environmental Dimension*

The environmental issue has acquired a relevant role in CST to the extent that Pope Francis has called the environment «our common home».[63] Given the uncertain situation of ecological systems and its importance in human life, an alternative response to environmental challenges is urgently needed. The contributions of CST on environmental issues can inspire the development of business strategies and action plans that help countries with social and environmental problems to overcome the difficulties of these challenges.[64] In this regard, CST is postulated as an appropriate solution for companies to reduce environmental impact, since the ecological crisis is more (but not only) a moral problem than a technical issue.

According to the Spanish traditionalist Víctor Pradera, the right to work is not analogous to the right to external nature, even though the latter right is indispensable

62 Cfr. Gregorio Guitián, «Business as a mediating institution through service: a view of business firm», *op. cit.*

63 Francisco, *Laudato Si*, *op. cit.*

64 Cfr. Kay Joaquín Bergamini; Ricardo Sánchez; Ángel Hernández, «Conflicto ambiental en ventanas: análisis desde una perspectiva de la Doctrina Social de la Iglesia». *Revista de Historia y Geografía*, vol. 38, 2018, pp. 171-198.

for humanity (without it, it would not survive), «it is not original».[65] Thus, the resources extracted from external nature, not being the work of human activity, do not belong to man as such, but to their Creator. As a consequence, man's right of ownership over nature has been enacted by God; in other words, man must administer the goods of nature as what they are: God's goods. It follows that the rightful appropriation and use of nature derives from the sacred. Respecting nature implies loving the natural order created by God, i.e. nature as part of creation is a gift to which we are indebted. For the CST, the ecological problem, far from being only a moral problem, is a theological and political problem, to the extent that Pope Francis blames the current ecological crisis on the dissociation of the ends of human action and divine designs; additionally, the Pope has also called nature «our common home».[66] It therefore requires a treatment that goes beyond civics and ethics. It requires political, economic, and legal commitments adopted from «the force of moral, spiritual-transcendent conscience», thus making a catholic dissertation for the environment, which, according to previous research,[67] would fall within the framework of eco-theology. This is very important because the impact of nature understood as a common home or homeland is greater than sustaining nature as a mere ethical imperative. The catholic reason is that there is a man-God-nature trilemma whose love is «effective and transformative». For practical purposes it is a superior approach to those that confer dignity to nature by itself, as in the case of Hans Jonas. Consequently, Catholic thought holds that nature cannot be left exclusively to human laws. In this case, the dignity of nature would not depend on any positive order, but on the divine order established by Natural Law, and therefore respect for nature would not be reduced to an ethical question, and it would be completely inviolable. Thus, the Catholic foundation is more effective than the ethical imperative, because it incorporates nature into the patriotic unity of peoples (Francis calls it the «common home») and delimits the ownership of nature.

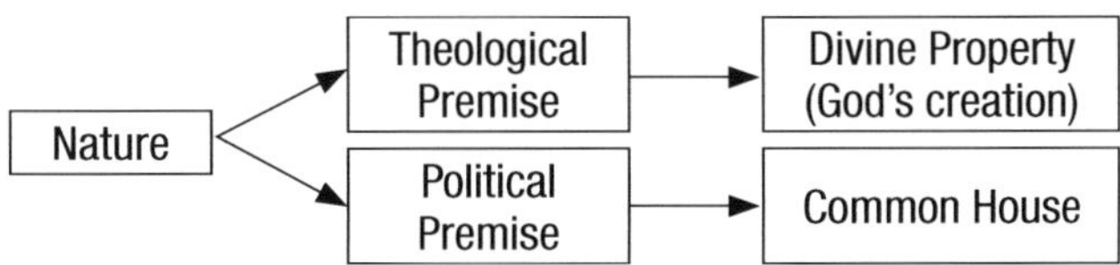


*Figure 2 Catholic Conception of nature*
(Source: Own Elaboration)

[65] Eduardo Gómez Melero; Eva López González; José Torres-Remírez, «Filosofía económica de la propiedad y el trabajo en Víctor Pradera (1872-1936)». *La Razón Histórica. Revista hispanoamericana de Historia de las Ideas*, 58, 2023, pp. 102-120.

[66] Francisco, *Laudato Si, op. cit.*

[67] Cfr. Román Guridi, *Ecoteología: hacia un nuevo estilo de vida.* Santiago de Chile: Universidad Alberto Hurtado, 2018.

Thus, the common good of society is not a good but depends on the universal good given by Creation.[68] That said, religious affiliation and its practices generate positive behaviors towards the environment.[69] Pope Francis points in this direction in his encyclical *Lumen Fidei* when he affirms that faith increases respect for nature «because it makes us recognize in it a grammar written by Him and a dwelling place that He has entrusted to us to cultivate and safeguard».[70] Care for nature, internalized in faith, is part of the Catholic tradition. The twinning of the Catholic Church with nature is already recorded in St. Francis of Assisi. Nevertheless, this approach is not only applicable for catholic believers, but it is also for everyone, that is why Pope Francis defines nature as common home.

Focusing on business, it must address environmental sustainability, as sustainable development is considered an indispensable part of today's business strategy.[71] The question is How to bring the principles and developments of CST on the environmental challenge into the strategic planning of the company? First, one has to start from the premise that for the Catholic Church, environmental degradation and climate change have become a priority, since human beings have to care for all of God's creation. Decades ago, Pope Paul VI warned of the severe risk of environmental degradation and the subsequent damage to humanity and urged to awaken consciences and take action.[72] In this respect, the effectiveness of the implementation of environmental sustainability measures will be conditioned by the awareness of the members of the company and will ultimately depend on their convictions.[73] This is the fundamental reason why the application of CST principles in the company can have a significant impact on management decisions on the environment. Implementing the Catholic perspective on environmental issues within an organization influences morale, conscience, and commitments made, thus impelling the subjects of an organization to become aware, and especially can make company managers analyze the impact caused by business activity and adopt new initiatives for sustainability.[74]

---

[68] Cfr. Pontificial Council for Justice and Peace, *op. cit.*

[69] Cfr. Clarence Tsimpo; Quentin Wodon, «Faith affiliation, religiosity and attitudes towards the environment and climate change». *The review of faith-International Affairs*, 14/3, 2016, pp. 51-64.

[70] Francisco, *Lumen Fidei*. Madrid: Editorial Palabra, 2013.

[71] Cfr. Marek Szczuka, «Social dimension of sustainability in CSR standards». *Procedia manufacturing*, vol. 3, 2015, pp. 4800-4807.

[72] Cfr. Pablo VI, *Octogesima Adveniens: La Iglesia y el mundo ante los nuevos problemas sociales*. Madrid: Apostolado de la Prensa, 1971.

[73] Cfr. Anja Kollmuss; Julian Agyeman, «Mind the gap: Why do people act environmentally and what are the barriers to pro-environmental behavior?» *Environmental Education Research*, 8/3, 2002, pp. 239-260.

[74] Cfr. Horacio E. Rousseau, «Corporate Sustainability: toward a Theoretical Integration of Catholic Social Teaching and the Natural-Resource-Based View of the Firm». *Journal of Business Ethics*, vol. 145, 2016, pp. 725-737.

The common good is the most important aspect to develop the theme of environmental sustainability from CST. In fact, in the Renewing the Earth pastoral, the US Catholic bishops went so far as to call it the «planetary common good».[75] By the very nature of the purpose pursued by companies that may adopt CCR (which is none other than the common good), environmental awareness would be internalized to a greater extent in these companies, and empirical studies show that a predisposition to positively address environmental problems improves financial performance. It is this attitude that fosters more proactive eco-strategies. Moreover, proactivity is one of the key characteristics of the impact of social responsibility on competitive performance. Along these lines, Szczuka argues that the use of environmental best practices is considered a source of competitive advantage.[76] Crucially, awareness on the part of company managers will lead them to seek new sustainability strategies with improved environmental performance, which, as previous research points out, are beneficial for the development of innovative capabilities. These are therefore new horizons and a source of new opportunities for the company, from which it follows that one of the main factors of ecological sustainability is the development of moral competences. In that sense, a company can start from the common good as a strategic variable, internalizing in the corporate culture the ecological principles of CST based on divine ownership and the common home. This can contribute to improved environmental performance, as such principles stimulate moral competences such as intergenerational solidarity, a factor that significantly influences environmental performance.[77]

## 5. Conclusion

A new way of understanding corporate responsibility can discover new opportunities for the company, from a business philosophy based on the idea of the common good and inspired by the principles of CST. As the common good approach is the least consolidated in corporate responsibility theories and the least extended to the business world, with an important potential field to be discovered,[78] CCR may represent an opportunity to overcome the known problems of grounding and implementation of the group of ethical theories. The common good approach has some similarities with other ethical theories of corporate responsibility, especially with Freeman's Stakehold-

---

[75] Russell Butkus; Steven Kolmes, «Ecology and the common Good: sustainability and catholic social teaching». *Journal of Catholic Social Thought*, 4/2, 2007, pp. 403-436.

[76] Cfr. Marek Szczuka, *op. cit.*

[77] Cfr. Pascual Berrone; Cristina Cruz; Luis Gómez-Mejía; Martín Larraz-Kintana, «Socioemotional wealth and corporate responses to institutional pressures: Do family-controlled firms pollute less?». *Administrative Science Quarterly*, vol. 55/1, 2010, pp. 82-113.

[78] Cfr. Elisabet Garriga; Domenec Melé, *op. cit.*

er Theory[79] and with that of sustainable development.[80] However, the substantive difference is in general terms that the philosophical principles are different, even more so in the case of CCR, due to the exclusivity of CST, which takes theology as the basis of economic thinking and establishes concrete rules for its application. On the other hand, it can also overcome the limitations of the instrumental, political and integrative theories of CSR because they consider different ends. Given its proactive nature, the implementation of CCR is not only possible, but can improve organizational performance, as it is capable of ultimately producing economic, social and environmental outcomes. For all these reasons, it is a relevant line of research (trying to reconcile business competitiveness and the common good) whose field needs to be studied.

This article also works like an example of the limits of corporate social responsibility theories. The majority focus criticism is about the stakeholder theories. The article shows other CSR limits.

## References


Abela, Andrew V., «Profit and More: Catholic Social Teaching and the Purpose of the Firm». *Journal of Business Ethics*, vol. 31, 2001, pp. 107-116.

Arce Burgoa, Luis Gonzalo, «La supervivencia como arma estratégica en mercados turbulentos». *Perspectivas*, vol. 19, 2007, pp. 61-73. Disponible en: https://www.redalyc.org/articulo.oa?id=425942453006 [Última consulta: 18/07/2024]

Argandoña, Antonio, «The stakeholder theory and the common Good». *Journal of Business Ethics*, vol. 17/9, 1998, pp. 1093-1102.

Benedicto XVI, *Caritas in Veritate. La Caridad en la Verdad.* Madrid: Ed. San Pablo, 2009.

Bergamini, Kay Joaquín; Sánchez, Ricardo; Hernández, Ángel, «Conflicto ambiental en ventanas: análisis desde una perspectiva de la Doctrina Social de la Iglesia». *Revista de Historia y Geografía*, vol. 38, 2018, pp. 171-198.

Berrone, Pascual; Cruz, Cristina; Gómez-Mejía, Luis; Larraz-Kintana, Martín, «Socioemotional wealth and corporate responses to institutional pressures: Do family-controlled firms pollute less?». *Administrative Science Quarterly*, vol. 55/1, 2010, pp. 82-113.

Butkus, Russell; Kolmes, Steven, «Ecology and the common Good: sustainability and catholic social teaching». *Journal of Catholic Social Thought*, 4/2, 2007, pp. 403-436.

Byron, William J., «Framing the principles of Catholic social thought». *Catholic Education: A Journal of Inquiry and Practice*, vol. 3/1, 1999, pp. 7-14. Disponible en: https://ejournals.bc.edu/index.php/cej/article/view/126 [Última consulta: 18/07/2024]

Calkins, Martin, «Recovering religion's prophetic voice for business ethics». *Journal of Business Ethics*, vol. 23, 2000, pp. 339-352.

Chatjuthamard-Kitsabunmarata, Pattanaporn; Jirapornb, Pornsit; Tong, Shenghui, «Does religious piety inspire corporate social responsibility (CSR)? Evidence from historical religious identification».


[79] Cfr. R. Edward Freeman, *op. cit.*

[80] Cfr. Antonio Argandoña, «The stakeholder theory and the common Good». *Journal of Business Ethics*, vol. 17/9, 1998, pp. 1093-1102.

*Applied Economics Letters*, vol. 21/16, 2014, pp. 1128-1133.

CHONG, Wei-Nurn; TAN, Gilbert, «Obtaining Intangible and Tangible Benefits from Corporate Social Responsibility». *International Review of Business Research Papers*, vol. 6/4, 2010, pp. 360-371. Disponible en: https://ink.library.smu.edu.sg/lkcsb_research/2939 [Última consulta: 18/07/2024]

COMISSION OF THE EUROPEAN COMMUNITIES, *Green paper: promoting a European framework for corporate social responsibility*, 2001.

COSTA, Ericka; RAMUS, Tommaso, «The Italian Economia Aziendale and catholic social teaching: How to apply the common good principle at the managerial level». *Journal of Business Ethics*, vol. 106/1, 2012, pp. 103-116.

CREMERS, Martijn, «What corporate governance can learn from catholic social teaching». *Journal of Business Ethics*, 145, 2017, pp. 711-724.

DE GEORGE, Richard T., «The status of business ethics: Past and future». *Journal of Business Ethics*, vol. 6, 1987, pp. 201-211.

DRUCKER, Peter F., *Management challenges in the XXI Century*. New York: HarperCollins Publishers, 2001.

ELKINGTON, John, «Towards the Sustainable Corporation: Win-Win-Win Business Strategies for Sustainable Development». *California Management Review*, vol. 36, 1994, pp. 90-100.

FORT, Timothy L., *Ethics and governance: Business as mediating institution*. Oxford: Oxford University Press, 2001.

FRANCISCO, *Lumen Fidei*. Madrid: Editorial Palabra, 2013.

FRANCISCO, *Laudato Si*. Città del Vaticano: Libreria Editrice Vaticana, 2015.

FREEMAN, R. Edward, *Strategic Management: A Stakeholder Approach*. Cambridge: Cambridge University Press, 2010.

FRÉMEAUX, Sandrine, «A common good perspective on diversity». *Business Ethics Quaterly*, vol. 30/2, 2020, pp. 200-228.

GALLARDO-VÁZQUEZ, Dolores; SÁNCHEZ-HERNÁNDEZ, Mª Isabel, «Measuring corporate social responsibility for competitive success at a regional level». *Journal of Cleaner Production*, vol. 72, 2014, pp. 14-22.

GARRIGA, Elisabet; MELÉ, Domenec, «Corporate Social Responsibility Theories: Mapping the Territory». *Journal of Business Ethics*, vol. 53, 2004, pp. 51-71.

GÓMEZ MELERO, Eduardo; LÓPEZ GONZÁLEZ, Eva; TORRES-REMÍREZ, José, «Filosofía económica de la propiedad y el trabajo en Víctor Pradera (1872-1936)». *La Razón Histórica. Revista hispanoamericana de Historia de las Ideas*, 58, 2023, pp. 102-120. Disponible en: 58.5 - Revista La razón histórica (revistalarazonhistorica.com) [Última consulta: 18/07/2024]

GUITIÁN, Gregorio, «La empresa como institución mediadora. Un enfoque desde la doctrina social de la Iglesia». *Scripta Theologica*, vol. 38/1, 2006, pp. 73-97.

GUITIÁN, Gregorio, «Business as a mediating institution through service: a view of business firm». *Angelicum*, vol. 94/4, 2017, pp. 757-780. Disponible en: https://www.jstor.org/stable/26506548 [Última consulta: 18/07/2024]

GURIDI, Román, *Ecoteología: hacia un nuevo estilo de vida*. Santiago de Chile: Universidad Alberto Hurtado, 2018.

KOLLMUSS, Anja; AGYEMAN, Julian, «Mind the gap: Why do people act environmentally and what are the barriers to pro-environmental behavior?». *Environmental Education Research, 8*/3, 2002, pp. 239-260.

JUAN PABLO II, *Laborem Exercens*. Città del Vaticano: Libreria Editrice Vaticana, 1982.

JUAN PABLO II, *Centesimus Annus*. Città del Vaticano: Libreria Editrice Vaticana, 1991.

LÓPEZ NEVÁREZ, Virginia; ZAVALA FÉLIZ, Bianca Denisse, «La responsabilidad social en las dimensiones de la ciudadanía corporativa. Un estudio de caso en la manufactura agrícola». *CIRIEC-España: Revista de Economía Pública, Social y Cooperativa*, 97, pp. 179-211.

MAZZANTI, Massimiliano; PINI Paolo; TORTIA, Emanno, «Organizational innovations, human resources and firm performance. The Emilia-Romagna food sector». *The Journal of Socio-Economics*, 35, 2006, pp. 123-141.

MELÉ, Domenec, «Integrating Personalism into Virtue-Based Business Ethics: The Personalist and the Common Good Principles». *Journal of Business Ethics*, vol. 88, 2009, pp. 227-244.

NOLLET, Joscha; FILIS, George; MITROKOSTAS, Evangelos, «Corporate social responsibility and financial performance: a non-linear and disaggregated approach». *Economic Modelling*, vol. 52, 2016, pp. 400-407.

OLCESE, Aldo, *El Capitalismo humanista*. Barcelona: Ed. Marcial Pons, 2008.

PABLO VI, *Octogesima Adveniens: La Iglesia y el mundo ante los nuevos problemas sociales*. Madrid: Apostolado de la Prensa, 1971.

PÍO XI, *Quadragesimo anno*. Città del Vaticano: Libreria Editrice Vaticana, 1931.

PONTIFICIAL COUNCIL FOR JUSTICE AND PEACE, *Compendium of the social doctrine of the Church*, 12 of January 2023. Disponible en: https://www.vatican.va/roman_curia/pontifical_councils/justpeace/documents/rc_pc_justpeace_doc_20060526_compendio-dott-soc_en.html [Última revision: 18/07/2024]

PORTER, Mark; KRAMER, Michael, «Strategy and Society: the link between competitive advantage and Corporate Social Responsibility». *Harvard Business Review*, vol. 84/12, 2006, pp. 78-92. Disponible en: https://hbr.org/2006/12/strategy-and-society-the-link-between-competitive-advantage-and-corporate-social-responsibility [Última revisión: 19/07/2024]

REVERTE, Carmelo; CEGARRA-NAVARRO, Juan Gabriel; GÓMEZ MELERO, Eduardo, «The influence of corporate social responsibility practices on organizational performance: evidence from Eco-Responsible Spanish firms». *Journal of Cleaner Production*, vol. 112, 2016, pp. 2870-2884.

ROUSSEAU, Horacio E., «Corporate Sustainability: toward a Theoretical Integration of Catholic Social Teaching and the Natural-Resource-Based View of the Firm». *Journal of Business Ethics*, vol. 145, 2016, pp. 725-737.

SISON, Alejo José G.; FONTRODONA, Joan, «The Common Good of Business: Addressing a Challenge Posed by "Caritas in Veritate"». *Journal of Business Ethics*, vol. 100, 2011, pp. 99-107.

SOBRINO, Jon, «Monseñor Romero y la doctrina social de la Iglesia». *Revista Latinoamericana de Teología*, 2020, pp. 137-150.

SU, Kun, «Does religion benefit corporate social responsability (CSR)? Evidence from China». *Corporate Social Responsibility and Environmental Management*, vol. 26/6, 2019, pp. 1206-1221.

SZCZUKA, Marek, «Social dimension of sustainability in CSR standards». *Procedia manufacturing*, vol. 3, 2015, pp. 4800-4807.

TABLAN, Ferdinand, «Catholic social teachings: Toward a meaningful work». *Journal of Business Ethics*, vol. 128/2, 2015, pp. 291-303.

THIBON, Gustave; MILLÁN, José Antonio, *El equilibrio y la armonía*. Barcelona: Ediciones Rialp, 1978.

TING, Pi-Hui; YIN, Hisen-yu, «How do corporate social responsibility activities affect performance? The role of excess control right». *Corporate Social Responsibility and Environmental Management*, vol. 25/6, 2018, pp. 1320-1331.

TSIMPO, Clarence; WODON, Quentin, «Faith affiliation, religiosity and attitudes towards the environment and climate change». *The review of faith-International Affairs*, 14/3, 2016, pp. 51-64.

UNIAPAC, «La rentabilidad de los valores: una visión cristiana de la Responsabilidad Social Empresarial». Ciudad de México: Multicolor-Industria Gráfica, 2008.

VACCARO, Antonio; SISON, Alejo José, «Transparency in Business: The Perspective of Catholic Social Teaching and the "Caritas in Veritate"». *Journal of Business Ethics*, vol. 100, 2012, pp. 17-27.

VAN AAEKEN, Dominik; BUCHNER, Florian, «Religion and CSR: A Systematic Literature Review». *Journal of Business Economics*, vol. 90, 2020, pp. 917-945.

WISHLOFF, Jim, «Solidarist economics: the legacy of Heinrich Pesch». *Review of Business*, vol. 27/2, 2006, pp. 33-46.

ZASTEMPOWSKI, Maciej; CYFERT, Szymon, «Social responsibility of SMEs from the perspective of their innovativeness: Evidence from Poland». *Journal of Cleaner Production*, vol. 317, 2021, p. 128400.

Eduardo GÓMEZ MELERO
Eva LÓPEZ GONZÁLEZ
José TORRES-REMÍREZ

# L'ATEMPORALITAT DEL MITE DE LAOCOONT. UNA APROXIMACIÓ DES DE L'OBRA D'ISMAÏL KADARÉ

**Josep Ignasi VIVES ORTIZ**

Investigador independent
josepignasivives@gmail.com
Núm. ORCID: 0009-0003-9532-6870
DOI: 10.60940/comprendrev26n2id431715

Article rebut: 05/08/2024
Article aprovat: 26/09/2024

## Resum

El present article proposa un breu estudi al voltant de la concepció del mite de Laocoont plantejada per l'escriptor albanès Ismaïl Kadaré (1936-2024) a la novel·la *El monstre*, publicada a Albània l'any 1965. Tot partint d'una recerca d'arquetips de base junguiana, i amb una perspectiva fenomenològica, hom n'estudia les subtileses argumentals i simbòliques, que s'articulen al voltant d'una actualització narrativa del díptic format pel cavall de Troia i Laocoont. Així com el cavall hi esdevé símbol perenne de dominació informativa, de terror arbitrari i de mentida versemblant, la figura de Laocoont s'hi erigeix com a model de supervivència moral i de compromís en la recerca radical de la Veritat. Hom pretén palesar com Kadaré sosté que la immersió en les conductes laocoòntiques, tant a Troia com a l'Albània hoxhaista, constitueix un mecanisme salvífic universal davant la malignitat de l'engany que ens assetja.

**Paraules clau:** Ismaïl Kadaré, Laocoont, novel·la, tradició clàssica, Veritat.

# The timelessness of Laocoön's myth. An aproach from Ismail Kadaré's works

## Abstract

This article proposes a brief study on the conception of the myth of Laocoön by the Albanian writer Ismaïl Kadaré (1936-2024) in the novel *The Monster*, published in Albania in 1965. Starting from a search for Jungian archetypes, and with a phenomenological perspective, this text studies the argumental and symbolic subtleties, which are articulated around a narrative update of the diptych formed by the Trojan horse and Laocoön. While the horse becomes a perennial symbol of informative domination, arbitrary terror and plausible lie, the figure of Laocoön emerges as a model of moral survival and commitment in the radical search for Truth. It is intended to show how Kadaré argues that immersion in Laocoön's ducts, both in Troy and in Hoxhaist Albania, constitutes a universal salvific mechanism in the face of the malignancy of deception that besets us.

**Key words:** Ismaïl Kadaré, Laocoön, Novel, Classical Tradition, Truth.

## 1. Introducció

Un dels llegats essencials de l'escriptor albanès recentment traspassat Ismaïl Kadaré (1936-2024) serà la seva constant invitació a repensar els mites clàssics. La seva obra traspua que com més baix sigui el grau de coneixement del passat mitològic, més s'encongirà el ventall de possibles respostes davant les vicissituds de la vida. L'analfabet en matèria de mites queda perplex més aviat, desarmat davant una realitat que el domestica de manera incessant. Els seus textos, sempre un vast exercici d'hipertextualitat, busquen propiciar, doncs, una mirada més fonda i menys encotillada pels paràmetres del propi temps a fi de generar-nos transformacions.[1] Dins les pàgines d'*El monstre*, el martiri catàrtic de Laocoont es reprodueix pels carrers de Tirana a través d'un furgó carregat d'espies i agents subversius del govern; Kadaré anima el lector a fer brillar novament la llum interior que duem inscrita en els racons més recòndits del cor, i que és hereva, també, d'aquell antic acte de sacrifici. La novel·la parteix de la tesi que els ressorts dels arquetips i dels mites romanen encara dins nostre, latents, i que la troballa fortuïta d'un llibre o d'una imatge que els catalitzin farà que reneixi aquest esguard esmolat que permet veure el món tal i com ho van fer els herois. Kadaré hi insisteix: l'Absolut no es pot extirpar. Potser pot adormir-se, o fins i tot degradar-se i quedar amb un aspecte raquític, però sempre torna. En el silenci, deixa empremtes dins l'ànima humana que ni l'opacitat ni el terror no podran esborrar. I quan l'individu percebi l'estrany poder d'aquests rastres, tal com li passà a Gent Ruvina, el jove protagonista d'*El monstre*, no podrà fer cap altra cosa que convertir-se en Laocoont.

## 2. Contingut i tradició dels relats clàssics de Laocoont

> Nos encontramos frente al expediente de instrucción como ante unas ruinas silenciosas. De vez en cuando nos parecía distinguir en aquella negrura

[1] Cfr. Gerard GENETTE, *Palimpsestos*. Madrid: Taurus, 1989, pàg. 14-15.

> un pálido destello, pero se hundía nuevamente en las profundidades llevándose su secreto.[2]
>
> Ismaïl Kadaré

La primera meitat d'*El monstre* constitueix un estudi sagaç i subtil al voltant de la veritable naturalesa del cavall de Troia; a la segona, Kadaré trasllada el focus d'atenció. El protagonista de l'obra, el jove estudiant albanès Gent Ruvina, decideix posar-se a explorar el misteri que envolta la mort de Laocoont. Ruvina especula sobre la tribulada consciència del sacerdot en aquelles hores finals, però també dels motius que el dugueren a rebel·lar-se. Aquesta immersió en la psicologia de l'heroi acabarà duent-lo a desenvolupar un estrany desig d'emmirallar-s'hi, de replicar les conductes atàviques que van immortalitzar Laocoont amb una aura de supervivència moral.

Convé recordar que Homer mai no testimonià el nom de Laocoont. El seu nom no apareix ni a *La Ilíada* ni a *L'Odissea*; cal dirigir-se a *L'Eneida* per poder-lo trobar. A *El monstre*, Kadaré presenta un aiguabarreig de fonts. Per mitjà de les reflexions de Ruvina a propòsit dels poemes homèrics, sembla que atribueixi al poeta jònic totes les dades i les consideracions al voltant del cavall i del sacrifici laocoòntic. En la seva fascinació per l'aede, compartida també per Kadaré, li fa dir el que mai no va dir i encobreix la veritable autoria de moltes de les idees: el poeta romà Publi Virgili. Entre els volums que manejava Kadaré de petit, és segur que *L'Eneida* també va ocupar un lloc especial. Més enllà de Virgili, ningú no hi ha dedicat més atenció ni ha publicat versos més tràgics sobre l'agonia del poble troià.[3] Si Homer ens va fer admirar la defensa de Troia i el coratge infinit del seu príncep Hèctor, Virgili ens en va fer plorar la desfeta i va inocular-nos el temor pel cavall. Però, quan hom llegeix el segon cant de *L'Eneida,* hom hi descobreix sobretot la figura d'un sacerdot enigmàtic. Lluny de limitar-se a esmentar-lo com a simple personatge anecdòtic, Virgili n'ofereix un relat profund i commovedor. Sense la crònica dels fets que presenta Virgili, difícilment Laocoont hagués passat amb tanta força a la posteritat. El drama laocoòntic fascinà Kadaré i probablement fou llavor de la concepció d'*El monstre*. L'espectre de Laocoont, esbossat pels fragments llegats per Virgili, plana constantment damunt la novel·la i s'erigeix com a model arquetípic de l'home radicalment compromès amb la Veritat.

La tradició explica que Laocoont devia ser fill d'Antenor i que es casà amb Antíope. Junts, infantaren dos fills que, segons algunes versions, es deien Etró i Melant, i segons unes altres, Antifant i Timbreu.[4] Aquests dos nois són els fills la mort dels quals Virgi-

---

[2] Ismaïl Kadaré, *Spiritus*. Madrid: Alianza, 2000, pàg. 62.

[3] Cfr. Pierre Grimal, *Diccionario de Mitología*. Barcelona: Paidós, 1981, pàg. 304. S'hi proporciona una llista d'autors clàssics que també van referir-se a Laocoont, ni que fos de manera anecdòtica.

[4] Cfr. *Ídem*.

li narrà, i també són els dos joves que apareixen a l'estàtua que s'exposa a les Galeries Vaticanes. Tot indica que Laocoont fou un sacerdot troià encarregat dels cultes del temple d'Apol·lo i que prengué una especial revolada a partir de l'episodi del cavall. És en aquest moment que Laocoont irromp en el text de Virgili. Quan Enees relata a la reina Dido la desfeta funesta de Troia i les seves vicissituds posteriors, just després de parlar de la malèvola construcció del cavall i de la inclusió, dins el seu ventre de fusta, d'un grapat de guerrers grecs escollits, fa aparèixer per primer cop el relat de Laocoont. Virgili ens tramet el gran discurs que el sacerdot adreça als seus conciutadans, en què fa notar la possibilitat d'un engany i projecta una llança amb vehemència contra la perversa buidor del fustam.[5]

Una relectura del text permet intuir clarament que Laocoont compta amb la força de l'autoritat. Baixa de la ciutadella perquè ocupa una posició de poder. Es malfia dels aqueus; els creu capaços del pitjor. Tampoc no es refiarà del que els relata Sinó, un suposat presoner trànsfuga, ni del suposat vincle entre aquella estructura de fusta i les benaurances dels déus. Laocoont es nega a abraçar aquell regal verinós, i més tard, a la cort de Cartago, Enees lamenta amargament no haver-ne fet cas. No obstant això, Virgili relata que les arteries malignes dels grecs van anar minvant l'escepticisme inicial dels troians fins que, finalment, el rei Príam accedí a obrir les portes.

És llavors quan s'esdevenen els fets que acabaran d'elevar l'esbalaïment de Troia davant la sacralitat del cavall. En un passatge llarg i ben conegut, Virgili descriu amb gran dramatisme i riquesa de símbols l'episodi de les serps, que esdevindrà nuclear per a tota la imatgeria posterior de Laocoont.[6] L'efígie vaticana recull la intensitat de l'instant i conté detalls molt similars als del text virgilià. L'impacte de l'escena dissipa els dubtes troians: per una pretesa relació de causa i efecte, tot indica que aquella carcassa està protegida pels déus; Laocoont no ha fet altra cosa que pagar un preu molt alt per l'ultratge. Tant bon punt moren ell i els seus fills, es produeix un darrer prodigi: «els dos dracs fugen arrossegant-se cap als temples situats a la part més alta, arrien a la ciutadella de la cruel Tritònida i s'arreceren als peus de la deessa sota el cercle del seu escut».[7] L'engany ha estat del tot perpetrat. No hi ha dubte aparent que el poder de Pal·les hi era al darrere. I si bé Virgili, com a mínim per boca d'Enees, no en discuteix la veracitat, sí que hi introdueix alguns elements de sospita. No acaba de creure en la ingenuïtat pueril dels troians, i més aviat apunta a la necessària existència d'un pla d'enganys terrenals meravellosament orquestrat. A partir de llavors, la narració continua amb la coneguda desfeta de Troia. El nom de Laocoont i els seus fills s'esvaeix dins la boira del mite i ja no torna a aparèixer mai més. No obstant això, la fi del malaurat sacerdot

---

[5] Cfr. Virgili, *L'Eneida*. Barcelona: Empúries, 2007, pàg. 54-55 [Llibre II, 40-49].

[6] Cfr. *Ibid.*, pàg. 61-62 [Llibre II, 199-224].

[7] Cfr. *Ibid.*, pàg. 62 [Llibre II, 225-227].

queda en la consciència d'Enees i en la de tots els lectors com un enigma constant. La mort és massa estranya: hi ha massa detalls que no satisfan. Fa la sensació que Laocoont fou víctima de quelcom molt més obscur que cal repensar més enllà dels records fugaços d'Enees i dels escassos versos que ens proporciona el text.[8]

Aquest és el Laocoont que envairà els pensaments de Ruvina; l'enigma repica obsessivament dins la ment de Kadaré, que es dedicà a rellegir-ne els passatges i a estudiar-ne tots els rastres, amb l'esperança de poder-hi trobar alguna revelació, alguna idea meravellosa que l'ajudés a comprendre per què la situació de Laocoont no deixava de recordar-li tant la seva. D'alguna manera, confiava que desentrellant els racons més opacs d'aquest mite transformaria la realitat albanesa en quelcom una mica més suportable i que pogués explicar-se millor. Les pàgines d'*El monstre* són exactament això: un exercici de lectura crítica —o gairebé una exegesi— del drama silenciat de Laocoont, amb el desig de descobrir-hi patrons arquetípics que ajudin a descriure, especialment davant dels súbdits de Hoxha, però també per a la resta del món, què implica el compromís radical per saber la Veritat.

## 3. El desvetllament del pensament laocoòntic

Dins l'argument narratiu, Kadaré planteja una cita sobtada entre la imatge sofrent del Laocoont de les Galeries Vaticanes i la consciència afamada de Gent Ruvina. De manera aparentment atzarosa, els estímuls que rep el protagonista desencadenen un seguit de connexions i d'epifanies que ho alteren absolutament tot. Ruvina acusa cada cop més la tendència a llegir els esdeveniments de la pròpia vida a la llum dels episodis mítics, com si patís l'efecte d'una mena de síndrome de Troia, i no deixa de trobar-hi ingredients paral·lels. En un dels seus passejos errants, en Gent i la Lena topen, com de passada, amb una exposició de fotografia de la Galeria d'Art de Tirana. Es tracta d'una mostra d'estàtues gregues i egípcies. Mentre accedeixen al museu, la Lena comenta que, a la facultat, tothom parla d'un complot per aïllar Albània de la xarxa d'estats comunistes. Ells no ho saben, però el fet que la idea de la traïció rondi la seva ment just abans de contemplar les dues imatges centrals de la mostra serà molt rellevant a l'hora de transformar inexorablement les seves mirades. Ella dubta de la veracitat dels rumors i creu que tot plegat és una idea forçada, un simple fruit de la imaginació. Però ell li planteja un apunt important: «¿No será que algo lo introduce, lo inyecta furtivamente en nuestro cerebro, tal como, según imaginaban los antiguos, los dioses derramaban los sueños en el cerebro de un hombre dormido?».[9] La sospita ve de fora, i no pas del nostre pensament paranoic. És una tendència al recel que els déus ens han injectat abans

[8] Cfr. Claude Lévi-Strauss, *Mito y significado.* Madrid: Alianza, 2002, pàg. 48.

[9] Ismaïl Kadaré, *El monstruo.* Madrid: Anaya & Mario Muchnik, 1995, pàg. 110.

de la nostra naixença, com si fos un terrible malson que genera una sensació perpètua d'inquietud. La casualitat, que Kadaré teixeix amb enginy, fa que, llavors, tots dos entrin a la sala on s'exhibeixen les fotografies de l'esfinx de Gizeh i del Laocoont vaticà. Davant d'aquests postulats, ella manifesta una angoixa sobrevinguda. Però, llavors, ell respon amb gravetat:

> [...] sembrar la angustia ha sido uno de los primeros cuidados de todo régimen. Tras el trabajo de las armas y de las cadenas, tal vez fuera este el elemento al que se prestaba más atención. Fíjate en la Esfinge. ¿Crees tú que la policía del faraón habría resultado más eficaz que su mirada enigmática en el sometimiento de las multitudes?[10]

Contemplant les dues imatges, en Gent ha començat a ser objecte de la seva màgia ancestral. Topar-hi li ha servit de catalitzador: l'ajuda a comprendre que el vincle entre el súbdit i el poderós sempre ha estat marcat pel terror. I mentre contempla el patiment de Laocoont, en Gent emet les primeres mostres del seu procés de fascinació. Inquieta per la càrrega de patiment que entranya l'estàtua, la Lena formula una pregunta crucial: «¿Tú crees que también su historia fue en realidad distinta a la que se cuenta?».[11] Immediatament, ell respon: «Sí, no me cabe la menor duda».[12] S'ha produït l'inici de l'epifania laocoòntica. Tal i com en Gent sospitava, el fet que el drama inefable que pateix el Laocoont se li hagi manifestat de manera incipient a la consciència significa que li ha estat brindat pels déus o per l'eternitat. El sagrat l'ha perseguit i l'ha seleccionat per ser-ne receptacle.[13] Veure junts el hieratisme de l'esfinx i el rostre sofrent de Laocoont l'ha ajudat a comprendre els dos pols de la tragèdia de l'existència. Hi ha una relació quotidiana entre el terror i l'ésser terroritzat. L'esfinx i el Laocoont: emissor i receptor de la maldat del poder. A partir d'aquesta visió, Laocoont es revela dins la seva ment com un màrtir insubmís que morí per causa de la Veritat; talment un Prometeu ètic, un ésser modèlic en eterna rebel·lió contra l'imperi de l'engany. A partir d'aquest instant, en Gent ja no podrà deixar de percebre l'estat d'*holohipos*, o la submissió constant de la Història i de bona part dels seus homes als paranys del cavall.[14] Només queda, llavors, esforçar-se a estudiar profundament els escassos episodis laocoòntics per mirar de comprendre la sordidesa del que realment va passar; despullar el mite a la recerca

---

[10] *Idem.*

[11] *Ibid.*, pàg. 112.

[12] *Idem.*

[13] Cfr. María Zambrano, *El hombre y lo divino*. Madrid: Alianza, 2020, pàg. 44. «En lo más hondo de la relación del hombre con los dioses anida la persecución: se está perseguido sin tregua por ellos».

[14] Concepte kadarià que defineix la sensació d'omnipresència de la malignitat del poder. S'assoleix quan les mentides laberíntiques estan tan ben orquestrades que l'individu queda indefens i cau en una espiral d'angoixa terrible, car comprèn que ja no és capaç de distingir tots els cavalls que l'envolten ni de discernir el que és cert i el que és fals.

dels seus fonaments més prosaics, de l'estructura maligna i patètica del que va succeir.[15] Per què era tan crucial silenciar-lo? Quina mena de Veritat va haver de descobrir per patir aquella condemna?

Dies després, el record obsessiu de Laocoont encara perdura. La seva causa ha niat massa profundament.[16] Pensatiu i taciturn, s'adona que «Nunca habría podido imaginar que, un día de finales de diciembre, aquella famosa escultura que había visto decenas de veces les produjera de pronto un efecto tan diferente. Esa rigidez en los labios... Ese enigma de mármol...».[17] El silenci en què se sumeix la figura trona dins les seves oïdes. Quant de patiment resta encara per emergir? En Gent se sap bon coneixedor del contingut dels mites clàssics; ha rellegit les escenes homèriques i ha repassat les pàgines de Virgili a propòsit del Laocoont, però també recorda que «[...] cuando en el transcurso de tan solo tres semanas, los acontecimientos llegan a transformarse a este extremo, ¿qué no habrá de esperarse al cabo de tres mil años? Comenzó entonces a poner en duda todo lo que había logrado retener de sus lecturas [...]».[18]

I llavors, el seu contacte amb la matèria dels mites, catalitzat a través de l'encontre amb el rostre sofrent del Laocoont, comença a activar un procés d'emulació inexorable. Sorgeix el desig de sotmetre's a una metamorfosi salvífica que permeti equiparar la pròpia existència amb la de l'ésser que tant el fascina.[19] Intueix que la realitat i els mites poden tocar-se i, fins i tot, confondre's i formar part d'un *continuum* que paga la pena explorar.[20] Inscriure's en l'atemporalitat del temps mític podria guarir-lo de l'orfandat espiritual que l'afeixuga; podria elevar-lo, a la fi, i fer-lo viatjar a espatlles de gegants.

El veritable punt de partida de la immolació de Laocoont és l'aparició d'un sentiment inquietant de sospita. L'ambaixada de pau dels aqueus i el seu cavall propiciatori activen el seu sentit del recel. I si no fos veritat, que els grecs volen deposar les armes? I si només fos una trampa enginyosa, un parany com els que es posen als animals inatents? Laocoont no es deixa endur per l'eufòria de la possible victòria ni deposa les facultats del seu intel·lecte per causa de la fatiga de tants anys de combats. El seu esperit es manté despert i esmolat, disposat a esbrinar l'origen real de les coses. I és dins

[15] S'hi empra un enfocament estructuralista, poc metòdic o fins i tot primitiu, però àvid de descobrir patrons vàlids per entendre el present.

[16] Cfr. María Zambrano, *El hombre y lo divino*, *op. cit.*, pàg. 58. Sobre l'encontre de l'home amb instants de fractura, el drama laocoòntic ha alterat la consciència d'en Gent i l'immergeix en l'atemporalitat del temps mític.

[17] Ismaïl Kadaré, *El monstruo*, *op. cit.*, pàg. 122.

[18] *Ibid.*, pàg. 36.

[19] Cfr. María Zambrano, *El hombre y lo divino*, *op. cit.*, pàg. 66. «La metamorfosis es la forma en que todo lo viviente evita el padecer. Y todos los embriagados de vida apetentes, de ser más u otra cosa que hombres, han soñado atravesar el mundo metamorfoseándose».

[20] Cfr. *Ibid.*, pàg. 49. «La esperanza se dirige hacia esta estancia superior que envuelve al hombre, no-humana. Estancia —realidad— que él no inventa: la ha encontrado con su vida».

d'aquest parèntesi del dubte que Virgili li fa pronunciar aquell vers memorable: «*timeo danaos et dona ferentes*».[21]

Mogut per aquest anhel de respostes, Laocoont desafia la integritat del cavall i hi projecta una llança. El ventre de fusta retruny com ho faria una gran cavitat, i això agreuja els recels del sacerdot de Troia. Temorós, comença a intuir que la seva sospita estava ben dirigida, i que aquella criatura de fusta és una encarnació del mal que serà recordada durant segles i segles.[22] Els ocupants del cavall en prenen nota, si és que el cavall estava ocupat. Els ambaixadors aqueus es miren l'escena de lluny. Ara ja saben quin és el darrer impediment per poder arrasar la ciutat. Cal eliminar el sentinella que hi veu en la fosca: Laocoont ha gosat saber la Veritat. Però també queden impressionats per l'acció els habitants de la ciutat assetjada. Potser Laocoont només és un sacerdot paranoic que veu paranys a tot arreu i a tothora; i si fos un fanàtic que paga la pena apartar, si el que es vol és aconseguir una pau tan desitjada? La perversió de la trampa grega rau també a aprofitar-se de l'extenuació mental dels troians, que els fa més previsibles i domesticables.

Sigui com sigui, Laocoont queda esfereït de sotjar la misèria que assota l'ànima humana. Perseguit per aquesta intuïció pessimista, comprèn que el seu compromís amb la Veritat, que respon a un anhel d'humanitzar-se, l'ha dut a topar amb la deshumanització que l'envolta. No hi ha límits ni per a la maldat ni per a la covardia. Laocoont es debat entre la submissió general i la conducta imprevisible; entre el sotmetiment a l'impuls més mediocre i el martiri per honor. Caldrà desmarcar-se de tot en la soledat absoluta i respondre-hi a contracorrent, tot acceptant les renúncies que probablement això comporti. Laocoont comprèn la perennitat de l'imperi del mal. Res no escapa dels paranys del poder; la seva essència infecta sobreviu a tot i habita dins tot, fins i tot en les societats més asèptiques i en les causes més nobles. Dins les muralles de Troia, Laocoont descobreix, per revelar-ho a Kadaré i a la resta de la humanitat, que el mal és intrínsec a tot el poder; que ser súbdit és ser objecte d'un engany permanent; que no hi ha dominació sense trampa; que el poder és una necessitat maleïda, un malson, un turment del qual no podrem escapar.[23]

Però, malgrat els obstacles i els riscos, Laocoont decideix abraçar la singularitat del seu ésser i esdevé un profeta proscrit. Lluny d'amagar-se, es compromet amb la causa i s'hi lliura amb plena consciència, sabedor que acabarà malament. Assumeix la tasca de mantenir-se dempeus. L'accepta perquè és aspra però és noble; perquè, malgrat la seva terrible duresa, hi veu quelcom de regal per a la seva estimada Troia, però també per a

[21] Virgili, *op. cit.*, pàg. 55 [Llibre II, 49].

[22] Cfr. Ismaïl Kadaré, *El monstruo*, *op. cit.*, pàg. 52.

[23] Cfr. José Carlos Rodrigo, *Ismail Kadaré: la Gran Estratagema*. Barcelona: Ediciones del subsuelo, 2018, pàg. 139.

tota la humanitat.[24] Amb sort, el seu patiment farà perdurar algun àtom de dignitat. I potser en això ha de consistir el veritable pensament compromès; a atrevir-se a mirar allà on ningú no vol fer-ho; a donar veu als drames que molts intueixen però que pocs gosen escoltar. Gent Ruvina admira l'obstinació de Laocoont per no conformar-se amb l'aparença exterior de les coses, que sovint amaga cares ocultes i dobles fons on el mal se sol amagar.[25] Als ulls de l'estudiant albanès, la figura de Laocoont, insaciable filòsof, pensador en rebel·lió solitària i constant, s'erigeix com la d'un *emergidor* de veritats.

Però la radicalitat del compromís de Laocoont comporta perills evidents. Voler mirar la naturalesa del poder a la cara és anar massa enllà. No obstant això, per a en Gent, aquest desafiament esdevé irresistiblement atractiu. És llavors que comença a mimetitzar-se per complet amb Laocoont i que, coneixent del destí del personatge —que també en ell s'haurà d'actualitzar— decideix lliurar-s'hi en acte de sacrifici per tal de fer de la seva vida una veritable emulació: «[...] el nombre de Laocoonte parecía obstinarse en llamar su atención. Laocoonte, Laocoonte... [...] Si atacas al Caballo de madera como hizo Laocoonte, deberás estar preparado para una contraofensiva, se dijo».[26]

Gent Ruvina descobreix en l'espectre del cavall residus actius de temor; encara significa alguna cosa important. De manera més o menys inconscient, els éssers humans conversaran sempre sobre qüestions que tenen a veure amb el cavall, i se sentiran empesos a sondar l'abast de les ombres que els sotgen. Sempre caldran nous Laocoonts per desemmascarar el rostre immortal del cavall. Però, a partir de l'instant en què en Gent decideix mimetitzar-s'hi, apareix de manera immediata una vaga sensació d'amenaça. En Gent percep el baf *corglaçant* del poder, però amb l'agreujant que s'espanta «sin saber a ciencia cierta por qué».[27] L'acompanya l'estranya percepció de saber-se prematurament condemnat; d'haver-se abocat a un abisme de conseqüències imprevisibles, però que a la fi seran tràgiques.[28] En Gent arriba a afirmar: «He caído en una especie de trampa».[29]

---

[24] Cfr. Mircea Eliade, *Fragmentarium.* Madrid: Trotta, 2004, pàg. 134-135. «Solamente luchando contra las confusiones y las herejías actuales se puede mantener viva la tradición de la inteligencia, se puede realizar aquella solidaridad de los esfuerzos humanos hacia el conocimiento, solidaridad que es la base de la cultura y una de las pocas glorias verdaderamente auténticas de nuestro continente. [...] Las verdades se olvidan con facilidad, pero las confusiones y los errores se adaptan a cualquier circunstancia y vuelven a aparecer bajo nuevos disfraces, más modernos, más atractivos, más fascinantes ahora».

[25] Cfr. Ismaïl Kadaré, *Flors fredes de març.* Barcelona: Club Editor, 2007, pàg. 123. «El que de debò comportava una dificultat desesperant era representar la part sotaaiguada de l'iceberg, la que, tot i semblar absent, immaterial, un somni mig adormit, era també la més tràgica, la més sinistra».

[26] Ismaïl Kadaré, *El monstruo, op. cit.*, pàg. 55.

[27] *Ibid.*, pàg. 56.

[28] Cfr. Ismaïl Kadaré, *Spiritus, op. cit.*, pàg. 95. Kadaré hi descriu com el poder és capaç de generar estremiment a partir del no-res: «El mismo terror ciego, arbitrario, procedente de un ángulo imposible, lo hizo estremecerse de nuevo. Se trataba sin duda de la zona prohibida que le enviaba sus señales».

[29] Ismaïl Kadaré, *El monstruo, op. cit.*, pàg. 56.

S'ho pensa tant que, fins i tot, davant la tremolor que li inspira el poder equí del furgó que amenaça Tirana, es planteja renunciar a tot acte de rebel·lia i deixar que la indiferència i el temps n'aniquilin les ànsies del dominació. El temor fa aparèixer la temptació de la revolució passiva; dins seu, creix la fantasia de provocar a l'estat mentider una mort per inanició, com si, vivint-ne al marge, el cavall esdevingués una ruïna esquelètica, un símbol abocat a la mort.[30]

Inicialment, en Gent confia que tot plegat passarà: «De todos modos, nunca conseguirá dar un solo paso en dirección a la ciudad».[31] Però la Lena es manté més escèptica: «Ese caballo de madera no desaparecerá tan fácilmente. Hace ya mucho tiempo que está como soldado a esta ciudad».[32] Un vespre, passejant pels afores la parella topa amb la silueta espectral del furgó i, refiant-se de la seva passivitat aparent, s'hi acaben acostant. Aquella nit, els malèvols ocupants del cavall assassinen una parella d'amants que contemplaven plegats les estrelles; han pagat cara la seva baixada de guàrdia davant els paranys del cavall. En aquest intensíssim instant de dolor literari, el lector s'assabenta que la tenebra i l'atzar han fet que les dues víctimes no fossin en Gent i la Lena, sinó una altra parella que vagarejava pel mateix descampat. Aquesta salvació fortuïta reactiva l'amenaça sinistra i, dins les seves consciències, el cavall convoca de nou un temps de calfreds. L'evidència s'imposa: el mal només espera el moment. Quan, mesos després, tornen a ser-hi prou a prop, en Gent l'assenyala amb la ma tremolosa i la Lena recorda amb terror aquell funest episodi.[33]

És llavors quan en Gent sent que en el seu interior s'hi congreguen totes les forces de l'esperit arcaic de Laocoont, i amb ell, el de tots els qui al llarg de la Història han gosat seguir-ne el camí. Recorda que, fa ja força temps, un conciutadà va projectar una ampolla de cervesa contra el furgó mentre un grup de passejants se'l mirava.[34] A continuació, inspirat per la coneixença del mite i per aquesta experiència prèvia d'insubmissió, en Gent s'arma de valor i desafia la malignitat del furgó:

---

[30] Cfr. María Zambrano, *El hombre y lo divino*, *op. cit.*, pàg. 365. «Y de nada sirve renunciar a toda acción que modifique la historia, a tomar parte activa en ella; pues nadie nos quitará el tener que padecer la historia. [...] El forzado libre hacer que es la historia nos sitúa también en una escisión: hacer o padecer, hacer y padecer».

[31] Ismaïl Kadaré, *El monstruo*, *op. cit.*, pàg. 69-70.

[32] *Ibid.*, pàg. 70.

[33] Cfr. *Ibid.*, pàg. 169.

[34] Cfr. *Ibid.*, pàg. 72. Mesos abans, uns excursionistes havien passat pal mateix prat. Alguns sospitaven que aquella furgoneta pogués servir d'amagatall per als malfactors. Un dels passejants, sense conèixer l'abast de la seva actitud, hi projectà una ampolla de cervesa, que impactà i esclatà en centenars de fragments. Alguns n'imitaren el gest. «Laocoonte..., pensaría más tarde Gent Ruvina. Pero no uno solo, como en el antiguo mito, sino decenas». L'escena apareix reforçada posteriorment: Cfr. *Ibid.*, pàg. 85. Finalment: Cfr. *Ibid.*, pàg. 80-81. Els integrants del furgó assassinen aquest home i els seus dos fills.

> Su mirada topó con una botella arrojada al suelo. Se agachó, la alzó y con ella en la mano prosiguió su marcha hacia el furgón. Poco más tarde se detuvo. Estaba solo en la llanura. Alzó el brazo y, con todas sus fuerzas, lanzó la botella contra el furgón. El casco se estrelló contra las tablas, provocando en el interior un ruido ahogado de hierros.[35]

La novel·la culmina amb una immersió radical i completa en els models del relat mitològic. En Gent ja participa del mite; ha esdevingut un Laocoont del seu temps. Ha ofès l'espectre equí que fins ara el tenallava, i ho ha fet en presència només de la Lena. És a dir, que ha actuat, pràcticament, en la més completa soledat. Ha comès un acte de rebel·lia privada, un ritual de supervivència moral gairebé intransferible. En comptes d'escudar-se en la indiferència, en la seva debilitat o en la fragilitat de la societat albanesa, en Gent forja el seu destí com ho fan els herois.[36] Com un saurí a la recerca d'un pou d'aigua viva, rescata d'entre els aiguamolls intel·lectuals del seu temps «[...] los sedimentos del más bello ayer, de la fe en la razón, del ardor por el ejercicio del pensamiento [...]».[37]

Per mitjà del seu gest, en Gent pensa que ha restituït l'arquetip i que ha pogut començat a derogar el pes de la Història.[38] Ell ja no és un simple súbdit; ja no és un ésser adormit. Projectar l'ampolla en senyal de menyspreu pel terror i l'engany ha esdevingut un ritu de pas, un acte frontissa que perpetua el gest sacralitzat que va llegar-nos Laocoont. En Gent s'aboca lliurement a l'heroisme del sacerdot troià perquè li sembla que és ple de sentit. Passa comptes amb la seva fragilitat, però també amb el neguit que li provocava el fet d'haver d'acceptar el pes de l'obediència submisa. Fins i tot si està condemnat al fracàs, desafiar el cavall és un descàrrec de culpa, és una desvinculació de la massa. La seva desafecció pel món que l'envolta arriba a un punt tal que ja només concedeix importància a la balança moral que s'estableix, dins la seva consciència, entre si mateix i l'eternitat.[39] Per mitjà de la fixació de l'arquetip, tant el projectil com l'acció de projectar-lo contra un simulacre de certesa i versemblança s'eternitzen com a símbols, que per sempre més duran la ment a pensar en la dissidència interior contra el poder del cavall.[40] I fins i tot quan els símbols quedin descontextualitzats, perduraran de manera inconscient i remouran noves consciències, que tard o d'hora descobriran

[35] *Ibid.*, pàg. 169-170.

[36] Cfr. Jean-Paul Sartre, *El existencialismo es un humanismo*. Buenos Aires: Sur, 1980, pàg. 43-44.

[37] María Zambrano, *La agonía de Europa*. Madrid: Alianza, 2023, pàg. 53.

[38] Cfr. *Ibid.*, pàg. 88. «Se ha llamado, a veces, nostalgia del Paraíso. Y no es sino afirmación del momento, del eterno momento: *seréis como dioses*».

[39] Cfr. Mircea Eliade, *Tratado de Historia de las religiones*. Madrid: Cristiandad, 2000, pàg. 554.

[40] Cfr. *Ibid.*, pàg. 621. «La mayoría de las hierofanías pueden convertirse en símbolos. [...] El símbolo no sólo es importante porque prolonga una hierofanía o porque la sustituye; lo es ante todo porque continúa el proceso de hierofanización y, sobre todo, porque ocasionalmente *es también él una hierofanía, es decir, porque revela una realidad sagrada o cosmológica que ninguna otra "manifestación" es capaz de revelar*».

novament la càrrega profundíssima que entranya aquest gest. Si el cavall pot ser un símbol perenne, la llança també. Una ampolla buida es converteix en un residu mític i pot suplir la funció de la llança, perquè encara destil·la rebuig i menyspreu.[41]

## 4. Conseqüències del comportament laocoòntic

> Ahora puedes quitarle las esposas —le dijo al otro.
> Ya nunca volverá a tener necesidad de ellas.[42]
>
> ISMAÏL KADARÉ

Tan bon punt l'ampolla impacta contra aquella desferra, un abisme d'incomprensió i de soledat envaeix la consciència d'en Gent, que ja percep el constrenyiment de les serps i la petrificació de la carn.[43] Haver desafiat la integritat del furgó l'immergeix en un engranatge macabre que el durà a la soledat i a la més que probable aniquilació. Aquest és el preu que paguen aquells qui emulen l'actitud i les gestes laocoòntiques. Tal com succeeix amb un munt de personatges de Kadaré, la consciència de Gent Ruvina se sent en possessió d'una Veritat que no pot ser revelada però que ja ha gosat assenyalar. Ha decidit plantar-hi cara, s'ha negat a romandre-hi sotmès. Previsiblement, i tal com revela el mite, el poder decidirà esclafar-lo vilment, sense escrúpols ni remordiments, i buscarà silenciar-lo i esborrar-lo del tot. Tot comportament laocoòntic aboca a una existència de cadàver vivent.

Paradoxalment, però, en aquest habitar moribund en Gent experimenta una agonia clarivident. És ara que ha emulat el seu gest i que acompanya Laocoont en el seu particular destí tràgic que Gent comprèn plenament l'abast de la maldat que va castigar-lo. Així conclou el seu procés *epifànic*: tot ha quedat revelat. A partir de llavors, durant les seves recerques, en Gent podrà especular obertament sobre què li passà realment al sacerdot troià. La veritable condemna a la qual s'enfrontà fou l'emmudiment per part dels grecs per la seva incòmoda negativa a uns hipotètics acords enganyosos, però alhora també patí l'abandonament del poble troià, que no comprenia l'amenaça latent.[44] Tota la resta de detalls del relat mitològic no serien res més que ornaments per *literatu-*

[41] Cfr. *Ibid.*, pàg. 624-625. «La integración de una hierofanía en el simbolismo implicado en ella es una experiencia auténtica de la mentalidad arcaica, y todos los que comparten esta mentalidad ven realmente ese sistema simbólico en cualquiera de sus soportes materiales. [...] Porque el símbolo es independiente del hecho de que sea o no comprendido, conserva su consistencia a despecho de toda degradación, y la conserva incluso cuando ya ha sido olvidado [...]».

[42] Ismaïl KADARÉ, *Spiritus*, *op. cit.*, pàg. 295.

[43] Cfr. Ismaïl KADARÉ, *El monstruo*, *op. cit.*, pàg. 169.

[44] Cfr. *Ibid.*, pàg. 53.

*ritzar* la mundanitat de la seva condemna; un prodigiós constructe poètic capaç d'enfosquir els fets amb una boira de màgia que completaria el mecanisme sinistre que Ulisses hauria tramat. En Gent s'adona que la mort de Laocoont no té cap altre misteri, ni cap rastre de sacralitat. Laocoont només és víctima de les baixeses dels homes. Hom podria arribar a pensar que, fins i tot, podria tractar-se d'un dels casos més flagrants de manipulació propagandística de la Història de la Literatura; un text poderosíssim al servei dels relats del mal.

Més enllà dels poemes, Laocoont mor per haver-se negat a cedir als mandats del terror; per haver cregut en aquesta noble necessitat de desemmascarar el mal per dignificar el món.[45] A partir d'aquesta constatació, en Gent comença a treure l'entrellat del laberint simbòlic que acompanya la mort de Laocoont i es dirigeix a l'arrel més profunda i primera del drama del sacerdot. És conscient que, en el fons, la «violencia física [...] no es la más decisiva, pues más que la violencia importa su justificación, su cimiento».[46] Haver vist sense filtres els mecanismes de l'arquitectura maligna del poder va convertir Laocoont en un risc, i calia torturar-lo de tal manera que mai més no se'n conservés cap paraula, que només en quedés un record vague i desdibuixat. Els grecs van protegir-se del pensador insubmís amb condemna exemplar. Pertorbat per les ruminacions que l'ocupen mentre observa la imatge vaticana, en Gent hi afegeix: «Según Virgilio, en el instante de ser estrangulado, Laocoonte dejó escapar un grito terrible. Aunque, como ves, la escultura no parece reproducirlo. Si la boca parece abierta, yo creo que es más que nada para expresar un padecimiento de naturaleza espiritual».[47]

En el desè capítol de la novel·la, Kadaré proposa un exercici d'immersió radical en la psicologia de Laocoont. Escrit a tall de diari i gairebé en un torrent de consciència, Kadaré opta per una primera persona de fortes ressonàncies autobiogràfiques. Assistim a les confessions d'un Laocoont afeixugat pels esdeveniments que comença a observar les ombres amenaçadores que l'acompanyen. D'alguna manera, els lectors també estan convidats a compartir amb en Gent les seves recerques, i plegats, s'acosten a les reflexions més obscures del sacerdot. L'aclaparen sobretot per les pressions internes; és des de la mateixa Troia que se'l considera una murga, un fanàtic obsessionat amb les intrigues dels grecs: un entrebanc. Tant és a així que fins i tot Príam li retira el suport i li indica que, si no deixa de dinamitar les negociacions, no podrà garantir la seva seguretat.[48]

---

45 Cfr. María Zambrano, *La agonía de Europa*, *op. cit.*, pàg. 54. «[...] lo peor del terror es que es la forma de penetración anticipada y a veces única que tiene el enemigo. Es la manera que tiene de inyectar en nuestro organismo el veneno que emite. [...] Desenmascarar a los monstruos que nos acometen: única manera de ir haciendo el mundo noble y habitable».

46 *Ibid.*, pàg. 72.

47 Ismaïl Kadaré, *El monstruo*, *op. cit.*, pàg. 111.

48 Cfr. *Ibid.*, pàg. 123.

Aviat, Laocoont s'assabenta de l'existència d'algunes cartes anònimes. Intueix que els seus recels davant del cavall estan despertant estranys sentiments en alguns sectors de la població i se sent enormement fràgil. Se l'acusa d'enemic de la pau, i se l'amenaça amb l'empresonament i la mort.[49] Una mica més tard, el drama es comença a orquestrar. Laocoont narra el principi de la seva fi, que s'entreveu a partir d'un seguit de situacions inesperades i sinistres. Els seus fills han estat expulsats de l'escola. S'han barallat amb els companys que insistien que el seu pare era un traïdor. I arriben noves missives: «Haremos correr el rumor de que te han matado los griegos, pero has de saber que seremos nosotros quienes cavaremos tu tumba. Para que te resulte más siniestra».[50] Laocoont comprèn, finalment, que Troia està perduda. Ha sucumbit completament al verí dels grecs.

Mentrestant, les negociacions amb els grecs van fent camí, i a cada recel que Laocoont planteja al consell, Príam hi respon taxatiu: «"Infame", "perjuro", "tú pretendes mi ruina" [...]. Príamo no quería escucharme. En cierto momento, incluso me pareció que él también hacía teatro conmigo».[51] Arribats a aquest punt, els fets es precipiten. Una nova carta amenaça clarament amb la mort dels seus fills. Algú ha deixat els cadàvers de dues serps al pati de casa. El final és a prop, i Príam no ho pensa aturar. Ben al contrari, imposa un arrest domiciliari a Laocoont per limitar-lo completament: «"¡Ya hemos soportado bastante a Laocoonte! ¡Si él no cierra la boca, nos veremos obligados a cerrársela nosotros!"». Laocoont sap que Troia difondrà una mentida, i que atribuirà als déus uns crims que en realitat son humans. Sabedor que tot s'ha acabat, es lamenta: «[...] la más terrible de todas las ataduras es la que me impide expresarme. No soy más que un ser petrificado». I afegeix: «[...] yo me perderé en las tinieblas. En compañía de la verdad».[52]

La recerca hermenèutica de Gent Ruvina a propòsit de la veritat que amaga Laocoont recorda el recurs narratiu de la *mise en abyme* descrit per Dällenbach.[53] Kadaré l'empra per manifestar el constrenyiment a què s'exposen el lliurepensador i l'artista, especialment de part del seu propi govern.[54] Convé meditar especialment aquesta dar-

[49] Cfr. *Ibid.*, pàg. 124.

[50] *Ibid.*, pàg. 125.

[51] *Ibid.*, pàg. 126-127.

[52] *Ibid.*, pàg. 129.

[53] Cfr. Lucien Dällenbach, *El relato especular.* Madrid: Visor, 1991.

[54] Cfr. Ismaïl Kadaré, *Spiritus, op. cit.*, pàg. 295. Quan el comissari Arian Vogli, protagonista de la novel·la, revela una veritat inefable, dos esbirros s'hi abraonen i li injecten un verí que li paralitzarà les mans i la llengua per sempre. L'endemà, Vogli descobreix que és un ésser petrificat. La referència al crit desesperat de Laocoont apuntat per Virgili a *L'Eneida* és evident: «"¿Qué es lo que habéis hecho?", gritó en su fuero interno. [...] Hizo esfuerzos por gritar tan fuerte como pudo, pero enseguida cayó boca abajo, como golpeado por un rayo. Su garganta no había logrado emitir palabra alguna, tan solo había lanzado un aullido salvaje, inhumano, algo intermedio entre el bramido de un toro y el graznido de un ave huérfana».

rera sentència: «[...] yo me perderé en las tinieblas. En compañía de la verdad». Bé podria tractar-se d'una petició d'auxili, d'un missatge posat dins d'una ampolla per suplicar a un lector eventual que mai no oblidi el drama de l'artista albanès.[55] Potser tot l'entramat argumental d'aquest llibre només és una màscara per poder publicar aquest paràgraf; una teranyina destinada a confondre els censors despistats.[56] La teoria que foren els troians mateixos els qui lliuraren Laocoont a una mort d'ignomínia és macabra, però alhora creïble, i constata l'abast insondable de la misèria dels homes davant del profeta incomprès. Converteix el seu drama en una primera experiència kafkiana, marcada per la fatalitat que neix de l'imperi de la niciesa. Vet aquí l'arrel de la covardia del delator: «[...] ponerse de parte del agente del mal, cuando no se tiene valor para delatarlo».[57] Vet aquí la llavor del col·laboracionista, ja sigui a Troia, al cor de l'Albània hoxhaista, o en qualsevol altre trist racó d'aquest món.

Paradoxalment, però, davant dels ulls de la Història la condemna fracassa. La tortura que s'imposa a Laocoont fa que es reveli, potser com si en fos el negatiu, una idea summament poderosa: el simbolisme del sacrifici. Fa milers d'anys que la humanitat coneix la força de les immolacions sacralitzades, especialment les dels màrtirs. N'hi ha exemples arreu, independentment de les cultures i de les religions. La tradició judeocristiana encara repensa amb estremiment l'episodi d'Isaac, i la mort d'Ifigènia continua impressionant els lectors que s'apropen a l'univers grecollatí. Tal com la pròpia paraula ja indica, sacrificar —o sacrificar-se— consisteix a convertir quelcom en sagrat a través d'una acció; lliurar quelcom d'aparentment profà a la sacralitat absoluta. Si es tracta d'un sacrifici, la mort és un acte fecund. A través d'ella, la vida es multiplica i es convoca una manifestació del sagrat.[58] Infon ales al nom de la víctima i a la causa de la seva mort per poder volar cap a noves consciències i inspirar-les amb el seu testimoni.[59] Llavors, el patiment i la renúncia esdevenen models admirables; apareixen com a actes que revelen una forta presència d'esperit, i tracen una drecera cap a allò més elevat i diví.

---

[55] Cfr. Moisés Mori, *Voces de Albania*. Madrid: Losada, 2006, pàg. 189.

[56] Cfr. Aida Zaganjori, «*The monster* of Ismail Kadare: a comparative analysis». *Anglisticum Journal* [Tetovo], vol. 8, 2019, pàg. 40-49. L'article aborda la interpretació de les subtils però sofisticades modificacions que va experimentar la primera versió de la novel·la, censurada l'any 1965, quan Kadaré va poder-la revisar i publicar de nou a París, ja lliure de censura, l'any 1991 amb l'editorial Fayard. Cfr. Ismaïl Kadaré, *Le monstre*. París: Fayard, 1991.

[57] María Zambrano, *La agonía de Europa*, *op. cit.*, pàg. 71.

[58] Cfr. María Zambrano, *El hombre y lo divino*, *op. cit.*, pàg. 57-58. «[el sacrificio] tenía principalmente un fin: suscitar una manifestación. [...] es el acto [...] en que lo divino se hace presente; es la llamada, diríamos la coacción, dirigida sobre esa realidad escondida para que aparezca».

[59] Cfr. Ismaïl Kadaré, *El monstruo*, *op. cit.*, pàg. 80. Temorosos que l'exemple d'aquell proto-Laocoont s'escampi, actuen per evitar tota mostra d'homenatge. Si la mort es llegeix com un martiri, possiblement esdevindrà un mite, i els mites infonen coratge. El poder tem l'estàtua de Laocoont —potser també la vaticana—, perquè revela massa coses als qui en són bons espectadors.

Tal com apunta Zambrano, «mediante el sacrificio el hombre entra a formar parte de la naturaleza del orden del universo y se reconcilia o se amiga con los dioses».[60] Només des d'aquesta concepció de la mort hom pot començar a comprendre la profunditat del lliurament de Jesucrist a la crucifixió o l'acceptació resignada de la condemna de Sòcrates. Com en el cas de Laocoont, la seva immolació primer ens deixa perplexos, però, més tard, ens inocula una llavor de transcendència. És possible que Laocoont ja conegués el poder d'aquest mecanisme, que adquireix un valor especial quan es produeix en solitari i amb humilitat, car queda més palès encara que la víctima s'hi lliura només davant la seva consciència, davant el pes de la Història o davant el rostre d'un déu.[61]

Per mitjà del sacrifici fèrtil de Laocoont, el seu compromís prolifera. Per més que plantegi un model de conducta minoritari i profundament contracultural, al llarg de la Història alguns han trobat el coratge per pronunciar obertament les seves denúncies i per dur a terme rebel·lions similars. Aquests individus manifesten, molt més que no pas els altres, un esperit *neinsagenkönner*; són capaços de convertir-se en l'etern protestant, en un insaciable explorador utòpic de la Veritat.[62] Kadaré suggereix que, en fer-ho, aquests continuadors ressusciten fragments de Laocoont, petites engrunes que reflecteixen la llum que l'heroi projectà per damunt la tenebra. És per això que, dins les pàgines d'*El monstre*, hom hi pot llegir tantes referències subtils a la lluminositat dels actes laocoòntics. Siguin grans o petits, són hereus d'aquell raig de Veritat. Destaca, en primer lloc, l'apunt que Kadaré proposa quan relata aquell primer desafiament al furgó, dut a terme per un proto-Laocoont: «El casco de vidrio brilló en el aire durante unas décimas de segundo».[63] Sobta també que, fins i tot quan els membres del furgó l'assassinen, tot desfigurant-li el rostre amb els vidres d'una ampolla trencada, Kadaré ens digui que «las esquirlas de vidrio brillaban como rubíes en las bocas de las llagas».[64] El fet és que aquesta primera gesta dissemina certes restes lluminoses que testimonien l'abast mític del que ha succeït: «Y aún hoy, al cabo de tantos años, al mirar hacia abajo en una noche de luna, atraerá tu atención aquí y allá el brillo solitario de algún vidrio roto, que parece refulgir de odio».[65]

Aquesta estranya llum laocoòntica, que es manté com el ble d'una espelma a través de l'espai i del temps, també té molt de diví. Resplendeix dins l'esperit de Kadaré i recorda la llum enigmàtica que Zambrano descriu de manera suggeridora i estranyament

---

[60] María Zambrano, *El hombre y lo divino*, *op. cit.*, pàg. 56.

[61] Cfr. Ismaïl Kadaré, *Spiritus*, *op. cit.*, pàg. 73. A propòsit d'uns esdeveniments similars: «Una oleada de emoción lo invadió por entero. La idea de que se estaba inmolando no se apartaba de su mente. Él mismo aspiraba las tinieblas, él mismo se bebía la muerte, en esta ocasión con serenidad».

[62] Cfr. Max Scheler, *El puesto del hombre en el cosmos*. Buenos Aires: Losada, 1994, pàg. 66-81.

[63] Ismaïl Kadaré, *El monstruo*, *op. cit.*, pàg. 95.

[64] *Ibid.*, pàg. 104.

[65] *Ibid.*, pàg. 85.

eloqüent: «La sombría luz de los misterios, la luz que alumbra no a las imágenes visibles [...], sino al mundo sagrado no revelado todavía, al mundo del padecer humano en todo su misterio y su enigma».[66]

Però Kadaré encara escampa més rastres d'aquesta iridescència sorgida del mite. Quan un dels ocupants del furgó assassina una noia que jeia molt a prop del cavall, els forenses observen que la ferida és inusual: «[...] una brecha de grandes dimensiones, de la cual irradiaban múltiples desgarraduras. Recordaba el sol en el momento del crepúsculo, cuando en torno al círculo ardiente quedan aún unos cuantos rayos carmesíes».[67] Fins i tot la Lena, contagiada també pel desvetllament de la consciència laocoòntica, comença a emetre una certa lluentor que amenaça el poder de les ombres: «El broche prendido en el pelo de Lena emitió un súbito destello, de tal intensidad que se lo hubiera creído capaz de provocar una herida».[68] Kadaré apunta que aquesta llum sorgida de la nit remota dels temps costa de veure si hom no té prou perspectiva —«A corta distancia, el broche resultaba apagado y carente de misterio»—, però que, observada amb les ulleres correctes, sota l'influx del sacrifici laocoòntic, refulgeix de manera constant.[69]

Cap a les acaballes de la novel·la, queda clar que la Lena també ha estat imbuïda per aquesta claror: «Los ojos de ella estaban como impregnados de luz de luna».[70] Aquesta llum interior, debilitada i gairebé extinta, manté viu el lligam mític entre tots els Laocoonts d'aquest món. Sobreviu com una espurna solitària més enllà del fracàs i de la condemna que acompanya els actes de rebel·lió. L'espurna laocoòntica malviu, tènue i moribunda, sempre al llindar de la desaparició, però fins i tot així, «[...] estos frutos de ceniza, mordidos por la nada, eran testimonios de algo. Y en su propio derrumbarse ponían al descubierto la verdad».[71]

Kadaré culmina el seu vincle amb el sacerdot a través d'un poema publicat anys després d'*El monstre.* Es titula *Laocoont.* De fet, l'autor va afirmar que aquests versos pretenien ser «la luz de la vela sobre la tumba de mi novela».[72] A través de les seves estrofes, Kadaré reprodueix el fil de veu inaudible que emana del rostre sofrent de l'estàtua.[73] Entre flaixos de fotos i riuades de gent, Laocoont implora una lluita contra la

---

[66] María ZAMBRANO, *El hombre y lo divino, op. cit.*, pàg. 83-85.

[67] Ismaïl KADARÉ, *El monstruo, op. cit.*, pàg. 164.

[68] *Ibid.*, pàg. 141.

[69] Cfr. *Ibid.*, pàg. 142.

[70] *Ibid.*, pàg. 161.

[71] María ZAMBRANO, *La agonía de Europa, op. cit.*, pàg. 56.

[72] Cfr. Peter MORGAN, *Ismail Kadare. The Writer and the Dictatorship 1957-1990.* Londres: Legenda, 2010, pàg. 112.

[73] Cfr. Getthold Ephraim LESSING, *Laocoonte.* Madrid: Tecnos, 2015. Obra clàssica que abunda en els límits i els punts de contacte entre la literatura i les arts plàstiques.

indiferència. Aterrat per la banalització moderna del seu patiment, suplica que la seva llum no s'apagui per sempre, que la mercantilització de la cultura no redueixi la seva vida a una anècdota irrellevant. En cas que fos així, el seu sacrifici esdevindria més incomprensible i estèril, i el seu *silenciament*, més perfecte i complet. El dia que cap dels passavolants dels Museus Vaticans no quedi esfereït davant el mal que revela l'estàtua, s'haurà obrat la victòria definitiva dels ocupants del cavall. La darrera estrofa diu així:

> Si quelque jour vous me voyez réduit en mille fragments,
> crever de dépit, me fracasser dans le silence,
> le souvenir de Troie pas plus que les affreux serpents
> n'en seront cause, mais votre indifférence.[74]

S'ha produït la metamorfosi final. Laocoont s'actualitza en Gent Ruvina i, a través d'ell, ho fa també el mateix Ismaïl Kadaré. Víctimes, tots tres, de règims perversos, però també de la covardia i dels anhels d'una supervivència tranquil·la dels seus conciutadans, continuaran emetent, per a aquells que es neguin a sotmetre's a la gran sordina de la vida moderna, un darrer bram d'agonia, un udol que buscarà commoure'ns i que es transformarà en una invitació al compromís radical.

A *El monstre*, Kadaré recorda que l'ambició epistemològica acaba duent al *silenciament* o a la mort. Qui s'hi aboca ha de saber que compartirà el destí dels herois tràgics, perquè pagarà car el desig d'escurçar la distància amb els déus o d'esquerdar la condició invulnerable del poderós. I Kadaré insisteix en aquesta segona accepció: el poder busca assolir una solemnitat gairebé divina mitjançant l'arbitrarietat, la informació confidencial i les veritats a mitges. En fer-ho, emula la distància que separava els mortals dels déus, i assoleix una condició de superioritat que li permet traçar de nou fronteres epistemològiques infranquejables. Es tracta que el comú dels mortals sempre recordi que viu subjecte a un poder tèrbol que el pot marejar i destruir en qualsevol instant. Per a Kadaré, aquest temor adopta l'aspecte arquetípic i infinitament mal·leable d'una ombra de formes equines que, de generació en generació, perfecciona la seva capacitat d'atemorir; el cavall és un arquetip-trampa de l'imperi del qual mai no podrem escapar.[75]

Però davant d'aquest terror que inaugura Odisseu i que dins la novel·la perdura als afores de Tirana —en clara referència a l'Albània de Hoxha—, Laocoont, encarnació del millor idealisme, es declara rebel. No pot deixar de pensar en allò que hi ha més enllà dels seus ulls i dels relats oficials. Hi ha en ell una primera pulsió idealista, un

---

[74] Ismaïl KADARÉ, *Oeuvres complètes, XI, Poésie*. París: Fayard, 2002, pàg. 174-179.

[75] Cfr. Ismaïl Kadaré, *La cólera de Aquiles*. Madrid: Katz i CCCB, 2010, pàg. 31-32. «Queramos o no queramos, nuestra humanidad, todos nosotros formamos parte del sistema de la guerra. Es ésta la mayor maldición, la vergüenza absoluta de nuestro planeta. Hace siglos que hemos caído en ese foso, en ese mal sueño, y no somos capaces de salir de él».

desig de comprendre allò que roman amagat, la veritable essència, la raó de ser de les coses. La paraula grega per definir la Veritat, ἀλήθεια, que fa referència a allò que queda un cop hem enretirat el vel que ens dificultava la vista, testimonia aquesta inquietud tan hel·lènica: Laocoont s'enfronta al cavall perquè no pot abstraure's del somni d'un món menys pervers i més noble. En el fons, el Laocoont que Kadaré descobreix en Virgili és l'arquetip d'aquest impuls tan europeu; la tendència a sentir-nos partícips d'un altre món a banda d'aquest, d'una esfera més perfecta i més pura que sovint queda tapada per l'opacitat d'una realitat aparent que ens distreu.

Així doncs, rellegir i repensar el drama laocoòntic trastoca els paràmetres de qui diu estimar la saviesa i li ofereix un model de conducta revolucionari. Rescata de l'ensopiment intel·lectual i revifa l'afany per saber; permet ressuscitar la vella esperança europea de viure en una transcendència constant.[76] I és això el que rescata de la profanitat que tan bé va descriure Eliade: la fe que, més enllà d'aquest món, que més enllà del patiment i del límit, podem participar, ni que sigui per un instant, d'uns universals que són eterns i que ens sobrepassen. En definitiva, el Laocoont de Kadaré ens recorda que el camí cap a la Veritat passa més aviat per la foscor. La llum potser n'és l'horitzó utòpic, l'esperança final del pensador moribund, però el camí és estret, solitari i difícil. El pensador honest sempre ha de mirar de veure-hi més fosc que la resta; a risc de ser un incomprès, cal que es malfiï de la claredat evident i que sempre assenyali els mals que s'amaguen als budells dels cavalls.

## Referències bibliogràfiques:


DÄLLENBACH, Lucien, *El relato especular*. Madrid: Visor, 1991.

ELIADE, Mircea, *Tratado de Historia de las Religiones*. Madrid: Cristiandad, 2000.

ELIADE, Mircea, *Fragmentarium*. Madrid: Trotta, 2004.

GENETTE, Gerard, *Palimpsestos*. Madrid: Taurus, 1989.

GRIMAL, Pierre, *Diccionario de mitología griega y romana*. Barcelona: Paidós, 1981.

KADARÉ, Ismaïl, *El monstruo*. Madrid: Anaya & Mario Muchnik, 1995.

KADARÉ, Ismaïl, *Spiritus*. Madrid: Alianza, 2000.

KADARÉ, Ismaïl, *Ouvres complètes, XI, Poésie*. París: Fayard, 2002.

KADARÉ, Ismaïl, *Flors fredes de març*. Barcelona: Club Editor, 2007

KADARÉ, Ismaïl, *La cólera de Aquiles*. Madrid: Katz i CCCB, 2010.

LÉVI-STRAUSS, Claude, *Mito y significado*. Madrid: Alianza, 2002.

LESSING, Getthold Ephraim, *Laocoonte*. Madrid: Tecnos, 2015.

MORGAN, Peter, *Ismail Kadare. The Writer and the Dictatorship 1957-1990*. Londres: Legenda, 2010.

MORI, Moisés, *Voces de Albania*. Madrid: Losada, 2006.


[76] Cfr. María Zambrano, *La agonía de Europa*, *op. cit.*, pàg. 108. «Al hablar con un europeo se habla con un conflicto, con alguien que se desvive por vivir [...]». Cfr. *Ibid.*, pàg. 114. «El esfuerzo del hombre europeo ha sido la infatigable tensión de tender a un mundo, a una ciudad siempre en el horizonte, inalcanzable. El paisaje europeo es puro horizonte [...]».

RODRIGO BRETO, José Carlos, *Ismaíl Kadaré: la Gran Estratagema*. Barcelona: Ediciones del subsuelo, 2018.

SARTRE, Jean-Paul, *El existencialismo es un humanismo*. Buenos Aires: Sur, 1980.

SCHELER, Max, *El puesto del hombre en el cosmos*. Buenos Aires: Losada, 1994.

VIRGILI, *L'Eneida*. Barcelona: Empúries, 2007.

ZAGANJORI, Aida, «'The monster' of Ismail Kadare: a comparative analysis». *Anglisticum Journal* [Tetovo], vol. 8, 2019, pàg. 40-49.

ZAMBRANO, María, *El hombre y lo divino*. Madrid: Alianza, 2020.

ZAMBRANO, María, *La agonía de Europa*. Madrid: Alianza, 2023.

Josep Ignasi VIVES ORTIZ

# COMENTARI BIBLIOGRÀFIC: LA IMPOSIBLE SUSTITUCIÓN. JUDÍOS Y CRISTIANOS (SIGLOS I AL III)

**Jean-Miguel Garrigues,**
***L'impossible substitution.***
***Juifs et chrétiens (Ier-IIIème siècles).***
París: Les Belles Lettres, 2023,
234 pàg.

*El texto que el lector encontrará a continuación tiene una historia singular.*

*El P. Garrigues participó, en el mes de abril de 2022, en una jornada que tuvo lugar en la Facultad de Filosofía de la Universitat Ramon Llull de Barcelona. La ocasión no fue otra que el centenario de la publicación del libro de Franz Rosenzweig,* Die Stern der Erlösung (La Estrella de la Redención), *que salió a la luz originalmente en 1921. La pandemia obligó a retrasar la celebración un año, aunque tal cosa tuvo como contrapartida que, por entonces, acababa de aparecer la segunda edición, profundamente revisada, de la traducción española de esa obra, a cargo de Miguel García-Baró (Salamanca: Sígueme, 2021).*

*En abril de 2022, finalmente, contamos en la jornada sobre Rosenzweig con el propio Dr. García-Baró, con la Dra. Catherine Chalier, profesora emérita de la Universidad de París X Nanterre —discípula directa y experta en el pensamiento de Emmanuel Levinas, así como autora de una importante contribución original al pensamiento judío de nuestro tiempo—, y, por último, con el P. Jean-Miguel Garrigues, de la orden de predicadores, teólogo internacionalmente reconocido y autor de diversas obras sobre el «misterio de Israel» dentro de la fe y la teología cristianas.*

*El objetivo explícito de la jornada era que un experto en Rosenzweig abriera el fuego sobre la genial obra de 1921, conocida entre otras muchas cosas por la forma en que trata la cuestión de judaísmo y cristianismo, y que, a continuación, un representante significado de cada una de ambas confesiones planteara cómo desde la una se veía —o se ve— a la otra, ni que fuera al nivel de la opinión de cada uno de ellos.*

*El resultado fue magnífico, y ya dio lugar hace unos meses a la publicación en COMPRENDRE 25/1 (2023) de la intervención de la Dra. Chalier en el contexto de aquel día. No hacemos otra cosa, ahora, que dar a la imprenta la segunda de tales aportaciones.*

*El autor, el P. Garrigues, la dedicó al libro que por entonces acababa de redactar, y que iba a salir en París al año siguiente (2023), y que lleva en francés el título que la ponencia tiene en castellano. Puesto que ese libro, que ha sido galardonado con el Premio Cardenal Lustiger de la Académie Française en 2024, había de ser objeto de una reseña por parte de quien escribe estas líneas, al Director de la Revista, Dr. Armando Pego, no le pareció inoportuna la posibilidad de que ambos textos, ponencia y reseña formal, llegaran a constituir un único «estudio» o «comentario bibliográfico» que pudiera aparecer en COMPREN-*

*DRE, dentro de la sección que mejor se ajustara a la especificidad de tal combinado, ya fuera en un solo número, ya en dos sucesivos. Finalmente, esta última ha sido la opción elegida. Agradezco al Dr. Pego su flexibilidad, así como su constante compromiso con la calidad y el carácter científico de la revista.*

*Agradezco igualmente al P. Garrigues la disponibilidad con la que redactó y entregó en castellano el texto de su conferencia, así como las aclaraciones de contenido que proporcionó por correo electrónico. Que su lengua más habitual sea el francés planteó la conveniencia de una revisión, emprendida a dos manos por el Dr. Joan Cabó y por quien esto firma. Gracias también, por tanto, al Dr. Cabó. La ponencia repasa todos los tópicos del libro sin perder el tono de la alocución oral. Solo se han añadido algunas notas (con la indicación NE) a la única nota del autor (NA); concretan referencias o proporcionan información adicional.*

*Tras el «original» del autor del libro sobre su propio libro, vendrá en el próximo número de COMPRENDRE, el primero de 2025, la «copia» (en sentido platónico) del reseñador, que es así triple o cuádruple en el orden de la realidad. Pese a la impresión levemente borgiana de esta trama, el autor del último estrato está convencido de que la «cosa misma», sin embargo, emerge por entre las diversas capas redaccionales. Lograr esto era, a fin de cuentas, lo único importante.*

Carlos LLINÀS PUENTE
Facultat de Filosofia La Salle
Universitat Ramon Llull

***

Agradezco la oportunidad que me ha ofrecido esta jornada barcelonesa en torno al pensador judío Franz Rosenzweig, en la Facultad de Filosofía de la Universitat Ramon Llull, de escuchar a la doctora Catherine Chalier, a la cual conocía ya como discípula e intérprete del gran filósofo judío Emmanuel Levinas, y al profesor Miguel García-Baró, especialista y traductor al español de la obra más célebre de Rosenzweig: *La Estrella de la Redención*. Yo había leído, por supuesto, este gran libro, pero no tenía un conocimiento global de la obra de Rosenzweig, sobre todo en su faceta filosófica, que le sitúa como uno de los pensadores más originales en la Alemania de la primera mitad del siglo veinte.

Para mí esta jornada es enormemente enriquecedora, pues acabo de terminar de escribir un libro sobre la imposible sustitución del pueblo judío por la Iglesia en los primeros siglos de la era cristiana.[1] He escrito ya dos libros sobre la relación entre judíos y cristianos.[2] En este tercero me he centrado en el punto más delicado de esta relación. Para que se pueda apreciar cuán delicado es este tema, muy discutido actualmente en Estados Unidos y en Alemania

[1] Este libro, cuyo título en francés es *L'impossible substitution. Juifs et Chrétiens (Ier-IIIème siècles)*, será publicado por la editorial parisina Les Belles Lettres a principios de 2023 [NA]. [El lector debe recordar que esta alocución del P. Garrigues tuvo lugar en abril de 2022, como ya hemos indicado (NE)].

[2] Estos dos libros son: *L'unique Israël de Dieu*, Limoges: Criterion, 1987; *Le peuple de la première Alliance*. París: Cerf, 2011. El primero de ellos es una obra colectiva, dirigida por el P. Garrigues.

con el término de «supersessionism», recordaré que ha sacado de su silencio, un silencio al que se había comprometido al renunciar al papado, al papa emérito Benedicto XVI.[3]

La sustitución es una doctrina concebida por los Padres de la Iglesia en los siglos segundo y tercero de la era cristiana, y después admitida como opinión teológica en la tradición posterior de una manera, podría decirse, prácticamente universal, según la cual el pueblo judío, habiendo rechazado a Jesús como Mesías y habiendo contribuido a su muerte en la cruz, fue repudiado por Dios como pueblo elegido y *sustituido*, como nuevo pueblo de Dios, por la Iglesia. No solo por la Iglesia como comunión de judíos y de gentiles que creen en Jesús, tal como la ve san Pablo, sino por la «Iglesia de las naciones», es decir, por la Iglesia de los gentiles.

Esta doctrina implica que los judíos que crean en Jesús tienen que dejar de ser judíos, es decir, deben asimilarse totalmente a los gentiles. Incluso si están dentro de la Iglesia. De eso sabemos mucho en España, donde el proceso inquisitorial debía descubrir entre los judíos, «convertidos» a la fuerza o por lo menos muy presionados por el poder político, si en realidad no seguían conservando ciertas costumbres judías. Como se les consideraba conversos al cristianismo, si conservaban alguna costumbre religiosa judía se les trataba como «relapsos» y se les condenaba a la hoguera. El «relapso», al volver a caer en su error, manifiesta un empecinamiento que ya no se puede corregir, y por eso es condenado a la hoguera. El signo de su endurecimiento era a veces mínimo, como encender una vela el viernes por la tarde o cambiarse de camisa el sábado, pero eso bastaba para que los «marranos» fuesen condenados a muerte.

No hay que olvidar que la doctrina de la sustitución ha llevado, a fin de cuentas, a tales injusticias. La doctrina de la sustitución empieza, por así decir, suavemente, pues no procede de la hostilidad antijudía que va sin embargo a generar. Como en un cambio de agujas de dos vías del tren, el ángulo de separación es al principio casi imperceptible, uno casi no se da cuenta de que está cambiando de vía, pero con el paso del tiempo la distanciación con respecto a la otra vía se va haciendo cada vez más importante. Algo así sucedió entre finales del siglo primero y finales del siglo segundo de la era cristiana. Después de haber vuelto a estudiar a los Padres apologetas de la Iglesia con este interrogante, puedo decir que, a finales del siglo segundo, la sustitución y la consecutiva

[3] El P. Garrigues se refiere a un texto del papa emérito escrito con ocasión de la publicación de un documento de la Comisión romana para las relaciones religiosas con el judaísmo, del año 2015 (en el 50 aniversario de la declaración *Nostra aetate* del Vaticano II), titulado «Los dones y la llamada de Dios son irrevocables (Rm 11,29)». El texto de Benedicto XVI, pensado como una serie de observaciones al clásico tratado «De Iudaeis», no estaba destinado a ver la luz pública. Pero el presidente de la mencionada Comisión, el cardenal Karl Koch, le pidió permiso al Papa emérito para que sus reflexiones pudieran aparecer en la revista «Communio», cosa que ocurrió en 2018. Fue entonces cuando se desencadenó una cierta polémica entre algunos teólogos católicos, seguida luego por un breve diálogo epistolar entre Benedicto XVI y el rabino jefe de Viena, Arie Folger. Los textos se encuentran en español en: Benedicto XVI en diálogo con el rabino Arie Folger, *Judíos y cristianos*. Madrid: Encuentro, 2019. La edición francesa se titula: *L'Alliance irrevocable. Joseph Ratzinger – Benoît XVI et le judaïsme*. París: Parole et Silence / Communio, 2018.

separación entre judíos y cristianos están consumadas. Esta doctrina de la sustitución genera entre los cristianos gentiles lo que Jules Isaac llamó «l'enseignement du mépris» en su libro que lleva ese título, «la enseñanza del desprecio» hacia los judíos.[4]

Solo después de Constantino, o, más bien, después de la instauración de un imperio cristiano por Teodosio I en el edicto de Tesalónica de 380, la sustitución se va transformando sucesivamente en rechazo antijudío, marginalización social, opresión para convertir, bautismos forzados, etc. A partir de las Cruzadas, vienen las persecuciones sangrientas de la época medieval que desembocan en las expulsiones. La expulsión de 1492 por parte de los Reyes Católicos es muy emblemática por el gran número de judíos que vivían en España con respecto a otros países, pero en realidad fue la última (o la penúltima, pues la de Portugal fue un poco posterior) en Europa occidental. Todos lo habían hecho antes, por este orden: Inglaterra, Francia, el Sacro Imperio Romano-Germánico. A parte de los Países Bajos y algunas repúblicas italianas, entre las cuales los Estados Pontificios, no quedan prácticamente judíos en Europa occidental entre el siglo XVI y el siglo XVIII.

Personalmente, he querido visitar de nuevo los tres primeros siglos de la Iglesia porque son los que me parecen decisivos desde el punto de vista religioso y doctrinal. Después se van agravando las circunstancias para los judíos, digamos, pero todo emana de la doctrina de la sustitución desarrollada por los llamados Padres apologetas en ese primer periodo de la vida de la Iglesia. He querido revisitar en mi libro, y hasta cierto punto impugnar, el relato catequético fundamental (lo que los anglosajones llaman «the narrative») de los orígenes de la fe cristiana que nos han dejado esos Padres de la Iglesia, y que incluye la doctrina de la sustitución.

Es significativo que el término «cristianismo» aparezca por primera vez en las cartas de san Ignacio de Antioquía, es decir, a comienzos del siglo segundo. Esa palabra no se encuentra en el Nuevo Testamento, pues ni Jesús, ni el mismo Pablo, han pretendido fundar, al lado de la de Israel, una nueva religión: el cristianismo. Aparece, eso sí, en los Hechos de los Apóstoles, la palabra «cristiano» para designar a los que creen en Jesús como Mesías ungido por Dios y participan de la gracia de su unción. Pero, muy pronto, ese término se desvirtúa, en un ambiente de creyentes venidos del paganismo insuficientemente enraizados en la tradición judía, y pasa a significar los discípulos de un cierto *Chréstos*. En efecto, la confusión era posible, pues *Chréstos*, un nombre de persona muy común que significa «excelente», se pronuncia en el griego tardío de la *koiné* igual que *Christós*, ya que la eta del primero se pronuncia «i» como la iota del segundo. Los dos términos no se distinguen más que por el acento tónico, que va en la eta en *Chréstos* y en la ómicron final en *Christós*.

Suetonio, cuando habla del emperador Claudio en su *Vida de los diez césares*, dice que este tuvo que expulsar a los judíos de Roma porque había disturbios entre ellos

---

[4] Jules ISAAC, *L'enseignement du mépris*. París: Fasquelle, 1962.

por causa de «un cierto *Christus*». Esta expulsión había tenido lugar en el año 49, lo cual significa que muy pronto, al pasar al ámbito gentil, se pierde lo que constituye el fundamento del Nuevo Testamento, que comienza en el Evangelio de Mateo con la genealogía del Mesías de Israel. Empieza entonces un cristianismo que yo llamaría «autorreferencial». Lo encontramos ya en san Ignacio de Antioquía, por lo demás mártir de gran santidad. En sus cartas no hay casi referencias al Antiguo Testamento, solo unas pocas a los oráculos mesiánicos de los profetas.

En el Nuevo Testamento, los primeros paganos que creen en Jesús son «injertados», como dice Pablo, a través de los apóstoles y de los primeros creyentes judíos, en el árbol de Israel, y entran a participar en las promesas mesiánicas de las cuales es depositario. Después, puesto que los creyentes gentiles se convierten en una mayoría aplastante dentro de la Iglesia, los creyentes judíos se ven cada vez más marginalizados. En el Nuevo Testamento, Pablo tuvo que luchar para que los creyentes que venían del paganismo no se convirtiesen en prosélitos judíos y que, dentro de la Iglesia naciente, se viviese, en la comunión del Mesías Jesús, la distinción entre gentiles y judíos. Entre el final del siglo primero y el siglo segundo, son los creyentes judíos los que se ven amenazados de tener que asimilarse al «cristianismo» de los creyentes gentiles.

Es verdad que había algo de utopía, o quizás, de anticipación profética y escatológica, en la voluntad de los apóstoles de Jesús de que judíos y gentiles mantuviesen su distinción dentro de una misma comunión en el Mesías Jesús, cada uno permaneciendo en la identidad en la que le había encontrado la fe. Lo más sencillo hubiera sido hacer de ellos prosélitos, y no cabe duda de que los hubo en las comunidades de la Iglesia de la Circuncisión. Pablo luchó por impedir eso, justamente para que no hubiese una especie de sincretismo que borrase la distinción entre judíos y gentiles. Hasta tal punto es así, que Pablo habla a menudo en sus cartas de «nosotros los judíos» y de «vosotros los gentiles». ¡Qué lejos está el Nuevo Testamento, pues, de ese *tertium genus*, el del cristianismo que se contrapone tanto al judaísmo como al paganismo!

Ese ideal de la Iglesia apostólica era muy delicado de realizar: compartir la comida, donde la Ley mosaica traza una frontera entre el judío y el gentil. Y no digamos nada del matrimonio. No fue nada fácil vivir la misma hermandad en Jesús a partir de dos vocaciones diferentes. Y, para más complejidad, integración de los gentiles a través de Jesús, de los apóstoles y de sus hermanos los judíos creyentes, en la raíz de Israel. Esta realidad eclesial tan sutil y compleja hubo que intentar realizarla en un contexto histórico y político de lo más difícil.

Dos guerras de los judíos contra el Imperio Romano: una, alrededor del año 70, y la otra, alrededor del año 135. Esto tiene que prevenirnos contra ciertos simplismos anacrónicos: los Padres de la Iglesia son antijudíos e incluso antisemitas. El proceso de separación y sustitución fue un proceso complejo, en el que entraron en juego factores internos a la religión, pero también externos, que abocaron a la doctrina de la sustitución. Hoy la Iglesia considera la sustitución como un proceso malo en sí, pues niega la realidad y la permanencia del pueblo de Israel en la Elección divina, la cual es irreversible.

Desde este punto de vista, *La Estrella de la Redención* de Rosenzweig, aunque tenga sus raíces en Yehuda Haleví y Maimónides, como ha sido recordado por Catherine Chalier, es la que más ha profundizado en esta cuestión. Él mismo estuvo muy cerca de una conversión al cristianismo que no quiso consumar. Ha habido en el siglo XX varias figuras muy significativas de personas que se han situado, por así decirlo, en la articulación entre el judaísmo y el cristianismo. Pienso por ejemplo en Aimé Pallière, que era un católico que se convirtió al judaísmo sincerísimamente, fundó en Francia la «Synagogue libérale» y acabó su vida en una abadía, donde se escondió durante la Segunda Guerra Mundial y donde murió en la fe cristiana.

Además de Rosenzweig, otros varios judíos del siglo XX estuvieron en el umbral de la fe: Henri Bergson y Jules Isaac no se convirtieron. Otros, como Edith Stein o, más cerca de nosotros, Jean-Marie Lustiger, lo hicieron, sin dejar por eso de identificarse como hijos de Israel. Son figuras significativas porque dan testimonio de la articulación entre judaísmo y fe cristiana en un sentido y en el otro. Nos indican la profunda porosidad que existe entre el judaísmo y la fe cristiana. Esto se está manifestando hoy, a medida que entramos en un profundo cambio, después de la *Shoah*, en la relación entre judíos y cristianos.

Uno de los efectos más impresionantes de la *Shoah* ha sido el horror que ha suscitado entre los cristianos, después de la guerra, el hecho de que una tal monstruosidad haya podido suceder en una Europa masivamente cristiana. Aunque sus actores principales fueran apóstatas de la fe, encontraron muchas disculpas, para sí mismos y para la pasividad de los otros, en el antijudaísmo religioso de los cristianos. A partir de 1945 empieza un movimiento de arrepentimiento entre los cristianos, iniciado por las confesiones protestantes. La primera fecha importante es 1947, con la conferencia de Seelisberg, en que representantes de varias confesiones cristianas, mayoritariamente protestantes, pero con la participación de algunos católicos eminentes como Jacques Maritain, llaman a los creyentes a un movimiento de conversión. Este movimiento se profundizará en el catolicismo por medio del Concilio Vaticano II (Declaración *Nostra Aetate*, 1965), y luego con el pontificado de Juan Pablo II, desde la visita a la sinagoga de Roma en 1986 hasta el acto solemne de arrepentimiento de la Iglesia en el año 2000, que el papa lleva al muro occidental del Templo en Jerusalén.

Este movimiento de conversión ha hecho cambiar muy profundamente la relación entre cristianos y judíos. Profundamente, pero también rápidamente, aunque puedan subsistir rastros del antiguo antijudaísmo cristiano aquí y allá. Un signo de este cambio es, a mi modo de ver, el hecho de que hasta entonces los judíos religiosos aceptaban hablar con los cristianos de temas morales de tipo general, pero nunca de lo explícitamente religioso. Sin duda mantenían el recuerdo de aquellas malhadadas controversias medievales, que tan mal terminaban para ellos.

En muchas familias judías el nombre de Jesús estaba muy silenciado, entre otras cosas por un reflejo muy comprensible de prudencia, ya que el nombrar a Jesús podía ser sospechoso de blasfemia, como lo es todavía para un no-musulmán el nombrar a Mahoma en algunos países islámicos. Eso ha cambiado profundamente y hoy día muchos judíos se interesan por el Nuevo Testamento, que es estudiado en Israel como fuente histórica interesante para el conocimiento de una época no muy documentada de la historia del pueblo judío, la del final del Segundo Templo.

Rosenzweig fue precursor de esta evolución al afirmar que había que salir de la dialéctica del «entweder, oder»: o judaísmo, o cristianismo, como si la fe cristiana anulase de por sí el judaísmo. ¿Quiere decir entonces que son meramente dos religiones paralelas? No. Primero, porque la fe cristiana procede de la religión de Israel. Segundo, y quizá más importante, porque las dos están finalizadas por la misma esperanza: la Redención del mundo. Sin embargo, esto parece a primera vista ahondar aún más en la separación, pues los cristianos creemos que la Redención ha sido cumplida por Jesús. Aquí viene la parte más novedosa de mi libro, el cual es un estudio sobre lo que significa Redención o Salvación en el Nuevo Testamento.

En el Nuevo Testamento encontramos un aspecto de la Redención al que estamos los cristianos muy acostumbrados, quizá incluso demasiado. La Redención es la reconciliación de la humanidad, que ha roto la alianza con Dios por el pecado. Y de ahí que, como ese aspecto tan fundamental está cumplido, todo lo demás que Dios ha prometido está terminado. En francés yo distingo entre «accomplir», cumplir, y «achever», terminar. Pues bien, en todos los escritos del Nuevo Testamento hay muy numerosos pasajes, que he recogido minuciosamente en mi libro, en los que se habla de la Redención como *algo esperado para el futuro*. Es verdad que el Nuevo Testamento ve la Redención como radicalmente *cumplida* en la reconciliación de la humanidad con Dios por medio de Jesús, pero eso no quiere decir ni mucho menos que para él esté *terminada*. Este desdoblamiento de la Redención caracteriza el mesianismo original de Jesús que, como es sabido, suscitó reticencia y rechazo entre las autoridades judías de entonces.

Los cristianos hemos de comprender cuán difícil tenía que resultar esto a los jefes religiosos de Israel. Es necesario entender —aunque no lo compartamos— el porqué del rechazo de Jesús, en particular por parte de los fariseos, porque la incomprensión es la que genera el resentimiento cristiano hacia los judíos. Juan Bautista, y Jesús más aún, reactivaron en Israel la palabra profética proferida en nombre de Dios. Pero esta palabra profética llevaba callada alrededor de cuatrocientos años, como lo había estado aquellos cuatrocientos años durante los cuales los descendientes de Jacob estuvieron en Egipto. Alrededor de cuatrocientos entre Malaquías, el último de los profetas, y Juan Bautista.

¿Qué había pasado? A la vuelta del exilio surgieron varios profetas durante un tiempo en el que hubo cierta esperanza de una restauración de la monarquía davídica. Cuando esta resultó imposible en la persona de Zorobabel, se entró en otro régimen de dispensación de la palabra de Dios: el de los diversos «escritos» que se encuentran en la Biblia [judía], esos textos que los cristianos llamamos sapienciales y que constituyen relecturas de la Torá y de los libros históricos y proféticos para extraer de ellos *a posteriori* la sabiduría del designio de Dios en la historia sagrada. Estos escritos eran considerados en Israel como inspirados, pero no eran palabras proféticas en nombre de Dios y en el presente de su acción. De esa tradición de los sabios de Israel son herederos los fariseos.

De pronto se reactiva con Juan Bautista la palabra profética, y más aún con Jesús, que se presenta como la Palabra. Por eso, el Evangelio de Lucas introduce con máxima solemnidad el comienzo del ministerio profético de Juan Bautista: «En el año decimoquinto del imperio del emperador Tiberio, siendo Poncio Pilato gobernador de Judea, y Herodes tetrarca de Galilea, y su hermano Filipo tetrarca de Iturea y Traconítide, y Lisanio tetrarca de Abilene, bajo el sumo sacerdocio de Anás y Caifás, vino la palabra de Dios sobre Juan, hijo de Zacarías, en el desierto» (Lucas 3,1-2). Se comprende que esa reactivación suscitara una serie de reticencias, sospechas y, en definitiva, rechazo. Son razones profundas que no tienen por qué hoy día extrañar a los cristianos.

Una lectura profundizada del Nuevo Testamento debe permitir a los cristianos hacerse con un relato («narrative») de la vida de Jesús y de los orígenes de la fe cristiana menos polémico. Es ese antagonismo el que ha alimentado la doctrina de la sustitución y la consecutiva enseñanza del desprecio. Pienso en el caso de uno de mis hermanos dominicos, el valenciano san Vicente Ferrer. Predicaba con mucho ardor la Pasión de Jesús, insistiendo en todos los sufrimientos a los que había sido sometido. A raíz de esto, y sin que él incitase directamente a ello, los fieles se enardecían e iban a quemar la sinagoga, o a matar judíos. Hace poco tiempo, un pueblo de la provincia de Burgos ha tenido que cambiar su nombre porque este era Matajudíos. «Ir a matar judíos», como ya no había judíos en España, acabó por significar «irse de copas». Si no se profundiza en el Nuevo Testamento y se corrige el relato catequético, no se quitarán las semillas del antijudaísmo cristiano. Quizá hoy en día ya no haya peligro de que deriven en violencia, pero estarán ahí.

A mí me ha inspirado mucho en este aspecto la obra de un historiador francés, Jules Isaac, *Jésus et Israël*, la cual lamento que no se haya traducido todavía en España.[5] Jules Isaac era judío y tuvo que pasar parte de la Segunda Guerra Mundial, con Francia ocupada por los alemanes, refugiado en un internado protestante. Por lo visto, acabada la guerra, pensó en algún momento en convertirse al cristianismo, pero desistió de ello para dedicarse a una tarea que le pareció urgente y a la que consagró el resto de su vida: reconciliar a los cristianos con los judíos a través de una mejor y más profunda comprensión del texto sagrado del Nuevo Testamento, para evitar caer en lo que él llamó «la enseñanza del desprecio» (*L'enseignement du mépris* es el título de otro de sus libros, ya citado más arriba).

Jules Isaac tenía esta convicción: hasta

[5] Jules Isaac, *Jésus et Israël*. París: Fasquelle, 1959.

que no se les dé a los cristianos una comprensión más exacta y, por ello, más profunda, de lo que dicen sus propios textos sagrados, es decir, el Nuevo Testamento, no se eliminarán de ellos las semillas del antijudaísmo. Yo he querido que una voz, desde dentro de la Iglesia Católica, le hiciese eco y continuase esa obra catequética sobre el relato de los orígenes de la fe cristiana. Se trata de cambiar esa visión fundamental según la cual el cristianismo está para cumplir y a la vez sustituir y anular al judaísmo.

La sustitución, sin embargo, resultó imposible desde los primeros siglos de la Iglesia. Para que la sustitución fuese posible, había que llegar hasta la herejía de Marción, según la cual el Antiguo Testamento era solo una *praeparatio evangelica* que ha quedado anulada como obsoleta por la venida del Redentor. He oído cosas de ese tipo cuando era niño: «El Antiguo Testamento es para los judíos y para los protestantes. Nosotros los católicos tenemos los Evangelios». Eso es el cristianismo autorreferencial, como si Jesús, siendo divino, llegara como un meteorito extraterrestre. Es un cristianismo desraizado, y ese cristianismo autorreferencial acaba transformándose, por lo menos en los países en los que ha triunfado un post-cristianismo, en lo que un sociólogo francés, Marcel Gauchet, califica como «la religión de la salida de la religión», la religión que permite al hombre prescindir de la religión. Es un cristianismo secularizado, y los judíos han conocido también, y en cierto modo acentuado, ese fenómeno a partir de la Ilustración del siglo XVIII.

El estudio que ha desembocado en mi libro me hace pensar que la razón por la cual Jesús fue rechazado por las autoridades judías es porque su profetismo se presentaba como una Redención anticipada, como perdón de los pecados (*Kippur*), que todavía no coincidía con la Redención de la edad venidera (*olam abá*) tal como los judíos la esperaban y la esperan, como nos lo ha recordado en esta jornada Catherine Chalier: despertar la bondad original de la creación, abrir el camino a ese poco de bondad que queda en los seres humanos. Es todo un camino intermedio hasta la venida gloriosa del Reino de Dios. Es impresionante que Rosenzweig haya invocado ese tema del Reino que constituye el eje y el centro del Evangelio según Mateo. La primera predicación de Jesús es resumida así por Mateo: «Convertíos, porque está cerca el Reino de los cielos».

A los cristianos no nos tiene que amenazar la existencia de los judíos y, recíprocamente, no tenemos que ser para los judíos una amenaza, como lo hemos sido durante muchos siglos. Este es el tema de mi libro, que no está dirigido a especialistas sino a un público con cultura general, compuesto tanto por creyentes como por no creyentes.

P. Jean-Miguel GARRIGUES, o.p.

**Armando Pego Puigbó (coord.), *Leer el Futuro: Cultura y tecnociencia tras la posmodernidad (1970-2023).***
Barcelona: Herder, 2024, 208 pàg.

Entendre cap a on ens dirigim com a humanitat requereix mirar l'ésser humà des de múltiples perspectives. *Leer el Futuro: Cultura y tecnociencia tras la posmodernidad (1970-2023)* és la primera obra col·lectiva de La Salle-URL liderada pel Dr. Armando Pego Puigbó, reunint investigadors de disciplines tan dispars com l'Enginyeria i la Filosofia. La creació d'aquesta col·laboració interdisciplinària ha exigit un treball acurat de coordinació per aconseguir que les diferents perspectives conflueixin en una obra coherent i significativa. Reflecteix la creixent necessitat acadèmica de trobar punts de confluència entre la ciència i les humanitats en un context global en què la tecnologia i la cultura s'entrellacen cada vegada més en la configuració de la societat.

El valor d'aquesta obra rau en la seva aspiració a abordar qüestions essencials sobre el futur de la cultura i la interacció amb la tecnociència en l'era postmoderna, des d'una perspectiva que combina la rigorositat acadèmica amb una visió polièdrica. Vivim en una època en què els límits entre disciplines es difuminen, i les respostes als grans desafiaments contemporanis exigeixen col·laboracions que traspassin les fronteres tradicionals del coneixement. *Leer el Futuro* neix en aquest context, oferint una visió crítica i comprensiva sobre les transformacions polítiques, culturals, socials i tecnològiques dels últims cinquanta anys, amb un impacte acadèmic i social destacable.

*Leer el Futuro* s'organitza en dues parts que aborden qüestions centrals de la nostra època des de perspectives diferents però complementàries. La primera part se centra en l'anàlisi de la crisi de les grans narratives humanistes que han dominat la modernitat, i com aquestes s'han vist afectades pels canvis socials, culturals i polítics des del final del segle XX. Inclou quatre capítols que ofereixen una reflexió profunda sobre com aquestes transformacions han alterat la nostra comprensió de la realitat i les estructures socials que la sustenten, amb una destil·lació del pensament d'autors que acompanyen en aquest exercici.

El primer capítol, «El estallido del cristianismo. La crisis del creer, entre Michel de Certeau y Chantal Delsol», escrit per Armando Pego Puigbó, aborda la crisi contemporània del cristianisme, analitzant com aquesta fe, històricament vinculada a la cristiandat occidental, ha experimentat una fragmentació profunda. Pego explora com la secularització i la pèrdua de les bases religioses tradicionals han conduït a una crisi de creença que afecta no tan sols les institucions religioses, sinó també el teixit cultural i social d'Occident. Aquesta crisi reflecteix una transformació profunda en la manera com la societat entén i experimenta la religió, qüestionant les bases mateixes del que significa «tradició» en un món cada vegada més plural i laic.

A continuació, el capítol «De la sociedad opulenta al nuevo totalitarismo. La interpretación de Augusto Del Noce», escrit per Francisco Jesús Cañete Cantón, explora la relació entre el desenvolupament de la societat opulenta i la possibilitat d'un nou totalitarisme, a través de les idees d'Augusto Del Noce. El creixement d'una societat consumista i materialista ha erosionat les bases morals i espirituals que sustentaven les democràcies occidentals. Aquest procés obre la porta a noves formes de control social i polític, adaptades al context tecnològic i econòmic actual. Aquest capítol reflexiona sobre com la prosperitat material pot conduir a una decadència moral que deixa la societat vulnerable a noves formes de dominació, especialment en un moment de creixents desigualtats i tensions polítiques globals.

El tercer capítol, «Pensar tras el final de la metafísica. A propósito de Jean-Luc Marion», escrit per Joan Cabó Rodríguez, ofereix una anàlisi del final de la metafísica tradicional a partir de les idees de Jean-Luc Marion. Cabó examina com la mort de Déu, anunciada per Nietzsche, no representa tant un final com una oportunitat per repensar la relació entre l'ésser i la presència. Marion proposa la «fenomenologia del do», suggerint que hem d'anar més enllà de la metafísica moderna per entendre la realitat com una donació que supera les categories clàssiques. Aquesta reinterpretació radical de la realitat obre la porta a una nova manera de pensar la filosofia i la religió, amb el concepte de «do» com a fonament essencial.

Finalment, el capítol de Carles Llinàs Puente, titulat «Penuria de tiempo. Aceleración y modernidad tardía en Hartmut Rosa y sus fuentes», examina la paradoxa del temps en la modernitat tardana. A partir de les idees de Hartmut Rosa, Llinàs explora com l'acceleració tecnològica ha portat a una crisi temporal que afecta profundament la nostra experiència de la realitat. Rosa argumenta que l'acceleració incessant ha generat una escassetat temporal que aliena els individus de les seves pròpies vides. Lluny de guanyar temps amb l'avenç tecnològic, ens trobem atrapats en una escassetat crònica de temps que afecta la nostra qualitat de vida i la capacitat de viure en el moment present. Aquest capítol ofereix una crítica a la noció moderna de progrés i planteja preguntes sobre com hem de viure en un món en què el temps sembla que se'ns escapi cada vegada més de les mans.

Els quatre primers capítols de *Leer el Futuro* exploren, des de diferents perspectives, la crisi de les bases tradicionals que han sustentat la societat occidental. Des del declivi del cristianisme com a eix central de la fe, fins a la decadència moral en una societat opulenta i la fi de la metafísica tradicional, aquests capítols mostren com la pèrdua de valors religiosos, morals i filosòfics ha portat a una reconfiguració profunda de la nostra realitat. Aquesta reflexió crítica sobre la modernitat prepara el terreny per a la segona part del llibre, que es dedica a explorar les implicacions ètiques i els reptes tecnològics que sorgeixen en aquest nou context, analitzant amb un enfocament transversal els desafiaments morals i les tensions que acompanyen el desenvolupament tecnològic en la societat contemporània.

El primer capítol d'aquesta secció, «El libre albedrío bajo la lupa imprecisa de la ciencia», escrit per Oriol Guasch Fortuny, aborda el lliure albir des d'una perspectiva científica. Guasch examina com la física i la neurociència modernes han posat en dubte la noció tradicional del lliure albir, suggerint que les nostres decisions podrien estar determinades per processos físics i biològics fora del nostre control conscient. El capítol exposa la tensió entre el determinisme científic i la percepció humana de la llibertat, provocant una reflexió sobre si les nostres decisions són realment lliures o si estan predeterminades per factors que escapen al nostre control. És especialment rellevant aquesta mirada en un moment en què els avenços en intel·ligència artificial i neurociència estan reconfigurant la nostra comprensió de la voluntat i la responsabilitat.

Seguidament, David Miralles Esteban, en el seu capítol «Algunas cuestiones nuevas sobre ciencia y fe», revisita la relació entre la ciència i la religió, centrant-se en el discurs de Ratisbona de Benet XVI. Miralles reflexiona sobre com la ciència i la religió poden coexistir i enriquir-se mútuament en el món contemporani, en comptes de ser enteses com a àmbits oposats. El capítol subratlla la importància de mantenir un diàleg obert entre ciència i fe, oferint una lectura renovada del discurs de Ratisbona que convida a repensar el paper de la fe en un món tecnològic.

El tercer capítol de la segona part, «¿Qué hilos mueve la telefonía sin hilos?», escrit per Joan Lluís Pijoan Vidal, ofereix una anàlisi sobre l'impacte de la telefonia mòbil i internet en la nostra societat. Pijoan explora com aquestes tecnologies han transformat la nostra percepció del món i la identitat humana. L'autor destaca la paradoxa d'aquestes tecnologies: tot i estar dissenyades per connectar-nos de manera més eficient, sovint fragmenten les relacions humanes i alteren la nostra percepció del temps i de l'espai. Aquest capítol convida a reflexionar sobre les implicacions profundes d'aquestes tecnologies en la configuració de la societat contemporània, i reconsidera com aquestes eines poden deshumanitzar les nostres interaccions.

Finalment, el volum es tanca amb el capítol de Xavier Vilasís Cardona, titulat «El alcance moral de la dimensión digital», que reflexiona sobre les conseqüències ètiques i morals de la digitalització. Vilasís adverteix dels riscos de la deshumanització en un món en què la tecnologia digital domina cada vegada més aspectes de la nostra vida. L'autor defensa la necessitat urgent de desenvolupar un marc ètic robust que guiï el nostre ús de la tecnologia digital, evitant que aquesta transformació tecnològica comprometi els valors humans fonamentals. Aquest capítol tanca el llibre subratllant la importància de mantenir un equilibri entre els avenços tecnològics i els valors humans essencials, i oferint un advertiment sobre els perills de deshumanitzar les nostres relacions en un món cada vegada més mediatitzat per la tecnologia.

*Leer el Futuro* destaca per la seva capacitat de teixir una xarxa de perspectives interdisciplinàries que exploren els desafiaments contemporanis de manera rica i matisada. L'obra examina com la crisi de les narratives humanistes i la transformació tecnològica estan íntimament lligades, oferint noves eines per comprendre la realitat actual des d'un punt de vista filosòfic, ètic i social.

Un dels aspectes més remarcables és com els autors connecten la pèrdua de valors tradicionals amb les implicacions ètiques i morals emergents en un món cada vegada més digitalitzat. Aquest llibre destaca per la seva capacitat per vincular desafiaments filosòfics profunds amb les realitats pràctiques del món contemporani. La proposta de Jean-Luc Marion sobre la fenomenologia del «do» obre noves vies per comprendre la realitat en un context postmetafísic, mentre que la crítica a la noció moderna de progrés posa en qüestió la promesa d'eficiència de la modernitat, mostrant com l'acceleració tecnològica pot alienar els individus de la seva pròpia vida.

Els capítols ofereixen una varietat de punts de vista que, tot i que no sempre convergents, es complementen i construeixen el debat sobre el futur de la societat en una era tecnològica. Aquesta interdisciplinarietat pot presentar un repte per als lectors menys familiaritzats amb les àrees filosòfiques i tecnològiques tractades, per la diversitat de temàtiques que s'hi aborden. No obstant això, l'estructura del llibre es manté sòlida i assegura una coherència temàtica al llarg de tota l'obra.

*Leer el Futuro* és una obra valuosa per als qui volen aprofundir en la comprensió de les complexes dinàmiques entre la cultura, la ciència i la tecnologia en la nostra època. El llibre demostra com la interdisciplinarietat pot oferir noves perspectives sobre els desafiaments contemporanis, especialment en un moment en què les bases tradicionals de la societat estan en constant transformació. *Leer el Futuro* ofereix una plataforma per reflexionar sobre el futur de la nostra societat en un món cada cop més tecnificat i interconnectat, una porta oberta que dona una anàlisi crítica i rica per a acadèmics, investigadors i persones interessades en les qüestions fonamentals del nostre temps.

Rosa Ma ALSINA-PAGÈS
La Salle – Universitat Ramon Llull

## Marco Filoni, *Vida y pensamiento de Alexandre Kojève. La acción política del filósofo.*

Madrid: Editorial Trotta, 2024,
342 pàg.

Marco Filoni ha revisat el seu llibre *Il filosofo della domenica* (2008), esgotat des de fa temps en la seva edició italiana. Ho ha fet ampliant una biografia sobre Alexandre Kojève que, en aquell cas, acabava l'any 1945 i que ara sobrevola tota la vida del filòsof d'origen rus. Tal com deixa clar el subtítol de la nova edició, el llibre no tan sols reflexiona sobre el contingut de les obres del pensador que es naturalitzà com a francès l'any 1936 (pàg. 227). Més enllà d'això, la biografia posa un èmfasi especial en la relació del seu pensament amb una activitat política que fou significativa al llarg de molts anys, i en moments decisius de la història del segle XX. D'aquesta manera, es proposa un estudi absolutament coherent a l'hora de tractar un filòsof per a qui el rumb del pensament era inseparable de l'acció sobre la realitat.

El llibre de Filoni és rellevant perquè aborda una figura decisiva en la filosofia política del segle XX com és la d'Aleksandr

Kozevnikov (1902-1968). Rellevant, fonamentalment, per dues raons. En primer lloc, per la qualitat i influència creixent i actual de la seva aportació filosòfica i, en segon terme, per la importància política del personatge. El biògraf italià ha conjugat totes dues vessants, anant a cercar-les i acostant-les en un punt central. El resultat és un relat força equilibrat que ofereix una perspectiva coherent i general sobre aquest pensador hegelià que fou decisiu en la construcció política del projecte europeu.

La biografia contempla els estadis fonamentals de la vida i l'obra de Kojève. El lector hi trobarà els orígens a Rússia (cap. II), descrits en relació amb l'ambient intel·lectual d'inicis de segle. També amb els vincles familiars que foren decisius en l'educació d'un jove els pensaments del qual es poden resseguir a través d'un *Diari* primerenc, i del qual Filoni n'ha localitzat els elements clau (pàg. 67 i seg.). També són objecte d'estudi la fugida de Rússia i els anys universitaris de Kojève a Alemanya. L'autor del relat detalla el món intellectual de Heidelberg i de Friburg, introdueix la rivalitat entre Heinrich Rickert i Karl Jaspers i reflexiona sobre les immenses figures —l'una crepuscular i l'altra naixent— de Max Weber i Martin Heidegger (cap. III). I, enmig d'una vitalitat filosòfica descrita de tal manera que permet observar el contrast amb la decadència actual de la vida acadèmica occidental, els estudis d'un jove Kozevnikov, que evidencien una notable capacitat de treball sobre algunes de les figures més importants de la història de les idees. Són anys d'estudi de la filosofia antiga, especialment de Plató, seguits d'un interès profund pel pensament i les llengües orientals, sumats a la investigació d'autors moderns com ara Kant i Spinoza. També és el moment del primer gran treball acadèmic, dedicat al pensador rus Vladimir Soloviov, en una tesi doctoral elaborada sota la supervisió de Jaspers (pàg. 140).

El relat portarà el lector des d'Alemanya fins a França, on Kojève dedicarà els seus dies a l'estudi de la física, de l'epistemologia i, finalment, de la metafísica i de la qüestió de Déu (cap. IV). Serà en el París dels anys 1930 on desenvoluparà uns seminaris sobre la *Fenomenologia de l'esperit* de Hegel, en substitució del seu amic Alexandre Koyré (pàg. 15). Aquí arribem a un dels punts claus de la biografia d'aquest autor, que en el transcurs d'aquestes sessions anirà elaborant una perspectiva pròpia sobre la filosofia hegeliana que tindrà un pes decisiu en tota una generació de filòsofs, assistents o no en aquelles trobades a l'École Pratique des Hautes Études. Tal com descriu Filoni, entre altres figures importants del pensament o de la literatura del segle XX, aquell cèlebre seminari va acollir la presència de Jacques Lacan, Georges Bataille, Maurice Merleau-Ponty, Raymond Queneau, Gaston Fessard, Éric Weil, Jean Hyppolite o Robert Marjolin (pàg. 16). A París, Kojève coneixerà també Leo Strauss, un filòsof jueu que, fugint d'Alemanya, passarà per França i acabarà als Estats Units. La seva amistat es perpetuarà durant anys, a través d'una prolongada correspondència i mitjançant un diàleg publicat al voltant de la qüestió de la tirania que, en el fons, és un debat sobre la relació entre vida filosòfica i vida política (pàg. 26, 264). Aquest és un debat que Filoni aborda amb poc deteniment, donant-li resolució d'una forma més aviat lleugera, essent aquesta una de les poques mancances que es poden retreure a l'obra.

La narració continua amb les peripècies de Kojève durant la Segona Guerra Mundial i amb la col·laboració del filòsof amb la resistència francesa (pàg. 230), tot combinat amb l'escriptura de *Sobre l'autoritat*, un text inicialment acompanyat d'uns polèmics apèndixs que argumentaven el poder del règim de Vichy (pàg. 240). Aquest és un bon moment per reconèixer una virtut fonamental de Filoni, que fa precisament allò que s'espera d'un bon biògraf: en aquesta, com en altres ocasions en què els fets de la vida de Kojève presenten dificultats interpretatives, fa tot el possible per donar-ne una explicació intel·ligible. En aquest sentit, l'autor no defuig la responsabilitat de fer una proposta de comprensió del personatge, quelcom que contribueix a pensar amb raons la figura de Kojève i que convida al debat historiogràfic. Aquest gest es repetirà amb altres qüestions singulars de la vida del filòsof, com ara la seva possible vinculació amb l'espionatge soviètic, la seva col·laboració amb Lacan o l'episodi controvertit que aquest darrer protagonitzà just després de la mort de Kojève. O el perquè de la fascinació que el pensador d'origen rus va saber causar quan va esdevenir un alt funcionari de la política exterior francesa. És precisament aquesta darrera faceta la que és abordada en els darrers capítols del llibre, en què Filoni explica les funcions que Kojève va tenir en l'administració gal·la, i en què recull testimonis significatius que permeten entendre la impressió que el pensador suscitava entre polítics i acadèmics.

Amb tot, l'única crítica que se li pot fer a Filoni és la d'un lector que hauria volgut trobar més en una obra sobre un pensador rellevant. En aquest sentit, el relat presenta un cert desequilibri, quan aprofundeix de manera important en certs textos de joventut, però s'atura poc en qüestions tan decisives del pensament kojevià com el debat sobre el final de la història o la ja esmentada discussió amb Leo Strauss.

Sigui com sigui, la biografia revisada que tingué origen en *El filòsof del diumenge* suposa, sens dubte, una introducció suficient a la vida i l'obra de Kojève. A través de les seves pàgines, hom entra en contacte amb les idees principals d'un pensador la lectura del qual sobre la filosofia hegeliana és imprescindible per entendre les idees polítiques contemporànies. És més, el relat que presenta el biògraf italià acosta el lector a una vida plena de peripècies i enigmes enmig d'un segle convuls. Així, aquesta biografia acompleix amb escreix un dels objectius d'una obra com aquesta: suscitar en qui llegeix la voluntat de comprendre i saber més sobre el protagonista. La narració de Filoni confirma allò que digué de Kojève el filòsof Allan Bloom, quan va prologar l'edició anglesa de *La introducció a la lectura de Hegel*. Bloom sabia de què parlava: en el seu dia havia estat enviat pel seu mestre Leo Strauss a estudiar amb Kojève. Més enllà de l'aura de fascinació, misteri i excentricitat que pogués causar el personatge, Bloom va concloure que, amb Kojève, hom es troba davant «d'una de les poques guies segures per a la comprensió de les alternatives fonamentals».

Jordi FEIXAS i ROIGÉ
Facultat de Filosofia La Salle –
Universitat Ramon Llull

**Rémi Brague, *Sobre el Islam.***
Madrid: Ediciones Encuentro, 2024, 374 pàg.

El prestigiós professor Rémi Brague, premi Ratzinger de Teologia l'any 2012, analitza en el seu nou llibre la naturalesa de l'islam amb la voluntat de trobar quins són els seus principis essencials. L'autor, gran coneixedor de la filosofia medieval jueva i àrab, no es reconeix a si mateix com a expert en teologia islàmica, sinó com a filòsof que vol aportar claredat sobre la consideració que aquesta religió té de si mateixa, lluny de les imatges superficials o dels prejudicis de diversa índole que solen predominar quan s'aborda el tema des d'una mirada externa. L'autor és conscient de la dificultat d'una tasca semblant, ja que en no tenir l'islam un magisteri reconegut, a diferència, per exemple, de l'Església catòlica, «resulta muy difícil, por no decir imposible, hacerse una idea de algo como un "dogma" islámico, por no hablar de una noción evanescente como una "mentalidad"» (pàg. 12). Tot i així, l'autor emprèn el seu objectiu centrant-se a examinar les relacions que s'estableixen entre la teoria islàmica i la seva pràctica recorrent tant al testimoni de la història com a obres i textos de diverses èpoques i gèneres. Són preponderants en el llibre les citacions pertanyents als segles IX-XII, període considerat tant per musulmans com per no musulmans com un període d'esplendor de la cultura islàmica. En concret, Brague esmenta en nombroses ocasions l'obra d'Al-Gazhali, l'autor més influent del pensament islàmic, a parer seu. El mètode utilitzat quedaria justificat si s'atén al fet que els musulmans actuals «raramente sitúan a los pensadores y las obras de esa época en su contexto originario, "historizándolos". Por el contrario, esas obras son constantemente reeditadas, traducidas, comentadas. Y esto vale, por supuesto, ante todo para el Corán, al que se considera fuera del tiempo, puesto que emana directamente del Dios eterno, y al que la mayoría de los musulmanes conscientes de su fe sustraen por este motivo a todo intento de historización» (pàg. 29). La qüestió és important, puntualitza l'historiador de les idees, perquè l'alliberaria del possible error de considerar obres que no serien representatives d'un islam suposadament «evolucionat» que molts musulmans viurien en l'actualitat.

D'altra banda, i no sense ironia, Brague deixa en mans del lector la consideració sobre si té a les seves mans l'obra d'un «islamòfob». L'autor explica que ha estat etiquetat com una mena d'«islamòfob savi». L'origen d'aquesta paradoxal combinació es trobaria, segons el nostre autor, en l'àmplia difusió que l'adjectiu «orientalista», emprat en el sentit que li va donar Edward Saïd en el seu llibre *Orientalism* (1978), té avui dia. L'adjectiu serviria «para desligitimar todo discurso sobre el islam que no sea únicamente laudatorio, sobre todo cuando proviene de no musulmanes, pero también, lo que es sorprendente, cuando procede de musulmanes» (pàg. 17-18). Segons el nostre autor, parlar d'islamofòbia impediria emetre qualsevol judici de valor sobre l'assumpte objecte d'estudi. Titllar de «discurs d'odi» certs arguments només serviria per impedir la valoració negativa d'aspectes ideològics o d'accions pràctiques que potser es legítim rebutjar. A més, el terme «islamofòbia» barrejaria indiscriminadament quatre accepcions del terme «islam», el qual designaria: a) una actitud cap a allò diví; b) una «religió» caracteritzada per certes creences i pràctiques; c) una civilització desenvolupada en un espai i un temps concrets que es va iniciar en el segle VII, i d) unes poblacions constituïdes per éssers humans de carn i os. La distinció entre les quatre accepcions seria importantíssima, perquè ens serviria per evitar una sèrie de malentesos que serien freqüents a l'hora d'estudiar l'islam. D'entre aquests destaca la tendència a confondre la religió amb les civilitzacions i pobles sobre les quals la primera hauria exercit la seva influència. Aquesta confusió resultaria delicada, perquè plantejaria una pregunta: qui està autoritzat a parlar en nom de l'islam? Es tendeix a entendre «por "verdadero islam" la práctica efectiva de la mayoría de los Estados y los gobiernos musulmanes a lo largo de la historia» (pàg. 36), però «se deja de lado la cuestión de saber en qué esas sociedades merecen el epíteto "islámico"» (pàg. 38). Davant les diferents pràctiques dels diversos Estats o governs musulmans: qui representaria més «fidelment» l'esperit de l'islam?

No distingir entre religió i civilització o, dit d'una altra manera, entre islam (amb minúscula) i Islam (amb majúscula), seria un error freqüent en el qual haurien participat sovint tant musulmans com no musulmans. La distinció seria de capital importància, encara que molts musulmans, diu Brague, no l'acceptin de bon grat. Seria cert que religió i civilització són realitats que haurien estat des del començament molt més unides a l'islam que al cristianisme. D'una banda, el missatge islàmic s'hauria constituït molt aviat com una «llei», és a dir, com una regla de vida amb incidència directa en les pràctiques socials. Aquesta «reglamentación de la vida en común de los hombres constituyó, muy pronto también, no sólo un conjunto de consejos, sino la ley en vigor, apoyada la mayoría de las veces por la presión social, y de cuando en cuando por el poder de un Estado» (pàg. 53). Això explicaria que els musulmans tinguin sovint dificultats per entendre l'absència en les civilitzacions de matriu cristiana de directrius fixes d'origen diví que corresponguin a la seva xaria. D'altra banda, per als no musulmans la temptació és la d'atribuir a l'islam moltes característiques, valorant-les positivament o negativament, sense discernir si provenen directament de la religió o de la civilització. Això portaria a equívocs àmpliament difosos en l'actualitat. Per exemple, es parla positivament de les aportacions de l'islam al terreny de les ciències i, en canvi, es valora negativament la situació de la dona en el mateix islam. Però, a qui atribuir un i altre aspecte: a la civilització, o a la religió?

Ara bé, Brague emfatitza que, tècnicament, per a la dogmàtica islàmica la religió no coincideix amb la civilització, perquè la primera seria eterna, i la segona, temporal. Segons els musulmans, l'islam seria anterior a Mahoma, ja que Abraham, Moisès o Jesús, per exemple, ja haurien seguit les prescripcions de la llei islàmica en sotmetre's a Déu. A Occident seria freqüent parlar de «religions d'Abraham» per parlar del judaisme, el cristianisme i l'islam, però per a aquest últim només hi hauria *una* religió. L'islam, recalca Brague, es considera a si mateix «la religión definitiva, que, lejos simplemente de añadirse al judaísmo y al cristianismo, los *releva* a ambos, suprimiéndolos, para sustituirlos por la verdad de éstos que hasta entonces ignoraban» (pàg. 50). Es tractaria de trobar quins són els trets fonamentals d'aquesta religió «eterna» a fi de poder copsar-ne l'essència més enllà de les diferències particulars que es puguin trobar entre diverses civilitzacions islàmiques. Només així seria possible apropar-se més fidelment a una comprensió de l'islam sense trair el seu esperit ni caure en visions interessades o anacròniques.

En primer lloc, Brague destaca com la revelació islàmica conté una sèrie de disposicions legals que fan de la religió islàmica *també* una legislació. Amb Ernst Nolte, el nostre autor afirma que «al ser el islam una religión de la Ley, está ya de entrada orientado hacia el mundo de aquí abajo» (pàg. 119). Per als pensadors del corrent dominant de l'islam, la Llei mateixa seria el contingut de la revelació islàmica. L'objecte de la Llei no es «la naturaleza de Dios, ni siquiera Sus costumbres, sino Su voluntad. Dios permanece oculto detrás de un velo. El objeto único de la revelación es "lo que Él quiere"» (pàg. 143). L'element més específic i original a l'hora de considerar la Llei islàmica en contraposició amb la tradició filosòfica grega i europea és que la primera no tindria en consideració la llei natural. Per a l'islam, allò bo és allò ordenat per Déu, pel fet mateix que Déu ho ordena, no perquè correspongui a un concepte de «bondat» vinculat a la idea de «natura». En aquest sentit, l'Alcorà seria la paraula de Déu en el sentit literal del terme. De fet, escriu Brague, l'islam «está bastante incómodo ante la idea de naturaleza. El Corán tiende a atribuir *directamente* a Dios todo lo que sucede en el mundo, no solo lo que Él ha creado al comienzo, sino lo que sigue produciéndose». (pàg. 135). Els filòsofs musulmans que van continuar l'herència aristotèlica haurien representat l'excepció i no haurien influït de manera profunda en la visió del món islàmic. Brague argumenta que, tot i que el concepte de natura mai no és anomenat a l'Alcorà, sí que podríem trobar en el llibre sagrat dels musulmans la idea que la religió és natural a la humanitat i, en particular, la idea que l'islam seria la «religión espontánea, innata de cada ser humano» (pàg. 137). Per aquest motiu, per als musulmans fidels al missatge alcorànic els no creients no es comportarien plenament com a éssers humans, sinó com a bèsties. Obeir la voluntat de Déu tal i com s'ha manifestat en la Llei revelada seria actuar veritablement com a homes, i no com a animals. Constatar aquesta característica porta Brague a discórrer sobre el concepte de raó defensat pels musulmans i sobre el que considera que és la finalitat última de l'islam. Brague esmenta el mestre d'Al-Gazhali, Juwayni, per assenyalar el que li sembla que és una doctrina constant en l'islam: «El conocimiento de Dios adviene por medio de la razón, pero es obligatorio por la revelación» (pàg. 165). Per a l'islam la raó permet establir l'existència d'un Creador, existència que seria una evidència pel fet mateix de l'existència de la creació, però no pot pretendre captar-ne la naturalesa o les intencions. Al·là seria «infinitament misteriós en allò que és, però manifest en allò que fa» (pàg. 176).

Segons Brague, a una ment acostumada a les categories occidentals li costa entendre que la raó pugui ser declarada incompetent a l'hora d'orientar la vida quotidiana. Per a un musulmà, en canvi, la raó és incapaç per si mateixa de descobrir què és un bé per a

Déu i què no ho és. Brague esmenta un fragment del pensador tunisià Ibn Khaldum, qui declara que la raó no té «ninguna relación con la ley religiosa y sus formas de ver (...). Cuando el legislador nos guía hacia cierta percepción, debemos preferirla a las nuestras y confiar más en ella que en las nuestras. No debemos intentar rectificarla mediante la percepción de la razón, incluso si la contradice» (pàg. 166). Com que la raó és incompetent a l'hora de saber per si mateixa què vol Déu, ha de posar-se sota l'autoritat de la Llei. La raó quedaria reduïda en l'islam pràcticament al seu paper instrumental. Racional seria obeir Déu i cercar la manera d'aplicar les seves lleis de la millor manera possible; irracional seria desobeir-lo. En el pla moral, virtut i vici no serien sinó obediència i desobediència als manaments divins formulats en la Llei.

S'entén així que l'islam posi l'èmfasi en el fet que és just, bo i raonable tot allò que contribueixi a l'expansió de la voluntat de Déu, és a dir, a l'expansió de la seva Llei, i dolent tot allò que la impedeixi. Aquest fil porta Brague a afirmar que la finalitat principal de l'islam és establir la Llei de Déu sobre la terra. Sotmetre's a Déu voldria dir complir la seva voluntat, que es traduiria a «assegurar la soberanía exclusiva de Dios sobre la comunidad humana, y de forma más precisa en hacer valer los derechos legítimos de Dios» (pàg. 176). El poder pertanyeria només a Déu i d'ell provindria, però s'implantaria a la terra mitjançant la intervenció dels homes. Resulta palesa la diferència respecte al «regne de Déu» de la religió cristiana, que s'inauguraria al final dels temps per obra de Déu mateix. A més, el Déu dels Evangelis exerciria primordialment la seva sobirania sobre la consciència dels homes, és a dir, sobre el seu «jo interior». Per aquests motius, la conquesta, diu Brague, és essencial en l'islam. Aquest seria el sentit de la *jihad*. Si bé Brague considera que traduir *jihad* per «guerra santa» és discutible, també es distancia de les interpretacions modernes que tradueixen el terme per «esforç», reduint-lo a un combat de caràcter espiritual. En contrapartida, Brague vincula el terme a la noció de conquesta, assenyalant que per als musulmans revesteix un caràcter obligatori quan es tracta de combatre l'infidel. Fins i tot, la seva pràctica es consideraria una obra de misericòrdia, en la mesura que serviria per implantar en el món la veritat alliberant-lo de la malaltia de l'error. Brague argumenta recolzant-se en exemples històrics que la *jihad* no ha de ser necessàriament violenta: si assoleix els seus objectius sense combatre seria igualment vàlida, però això no significa que la guerra perdi legitimitat per al musulmà quan es tracta d'expandir la Llei de Déu.

Sobre els temes enumerats fins ara, entre d'altres, reflexiona Brague llargament durant tot el llibre. Tot i les acusacions d'islamofòbia rebudes, creiem que l'autor s'apropa a l'islam des d'una perspectiva historiogràfica que aconsegueix distanciar-se de judicis apriorístics, ja siguin de caire religiós, moral o polític. El seu mètode desprèn rigor i respecte, ja que, encara que l'autor posa sovint el focus en qüestions polèmiques com ara la naturalesa de la xaria o la *jihad*, ho fa des d'una perspectiva estrictament acadèmica i desapassionada. El volum no té la senzillesa il·lustrativa dels llibres divulgatius: s'equivocarà el lector que esperi trobar-hi una explicació sistemàtica del naixement de l'islam, de la seva expansió i evolució al llarg del temps, o de quines són les vessants islàmiques principals i què els caracteritza. Tampoc no hi trobarà una exposició cronològica de quins són els pensadors islàmics més destacats de cada escola o etapa històrica ni de quines són les seves tesis o aportacions fonamentals. Més aviat, donant per fet que el lector posseeix un coneixement bàsic de la matèria que es tracta, l'autor elabora una visió de conjunt recorrent al testimoni de nombroses obres i autors que han gaudit d'un prestigi o autoritat particular dins el món islàmic. Estem davant d'una obra plena d'erudició, arrelada en la recerca historiogràfica i filosòfica que fuig, però, d'adreçar-se només a un públic especialitzat. Creiem que l'obra pot ajudar el lector occidental a copsar els principis nuclears de l'islam tal i com s'han manifestant en la història, aspecte fonamental per conèixer millor una realitat religiosa i cultural que sembla tenir un paper cada cop més important a Occident.

Francisco Jesús CAÑETE CANTÓN
Facultat de Filosofia La Salle –
Universitat Ramon Llull

**Josep Maria Esquirol,**
***L'escola de l'ànima: de la forma d'educar a la manera de viure.***
Barcelona: Quaderns Crema, 2024, 178 pàg.

Llegir sentit comú cansa. No només perquè consisteix en una explicitació del que tothom ja sap —fins i tot per negar-ho—, sinó perquè la formulació no pot anar més enllà d'enunciats generals. Per exemple, és obvi que l'escola, en el sentit més etimològic del mot, ha de suscitar i permetre la vivència d'un col·loqui (*schola*) que obri les persones —les *animae*— als fenòmens del món i a la fondària d'aquest. Admirable! Com una revelació que de cop i volta colpeix la nostra ment, massa enganxada a la rutina del tracte utilitari amb, justament, les coses. I sorprèn! Però no perquè no hàgim sentit i pressentit mai que la realitat —feta de coses i de fondària— no acabi de coincidir del tot amb l'enfocament «pràctic», instrumental i habitual amb què mirem superficialment les coses de la vida, sinó perquè porta a la consciència, amb la llum directa d'un focus atent, allò que sempre desplacem a la zona misteriosa del ja-sabut. Tanmateix, en si, no descobreix res de nou. Tot i l'aparença de llambregada d'un saber arcà. I tampoc no explicita gran cosa el seu propi contingut. Perquè no pot transcendir el llenguatge de la generalitat. Que és el del sentit comú. I aquí rau l'efecte incòmode que prové de llegir sentit comú: primer captiva i després atipa. D'entrada, presenta un caràcter àdhuc poètic, senyal d'una il·luminació insospitada. Però de seguida enfarfega, perquè no avança en la descripció concreta del que semblava prometre i remet contínuament a la generalitat. Reiteradament, tossudament, amb expressions sovint aforístiques, com apotegmes que alliçonen moralment sense ferir cruament.

Els problemes de l'escola —en el sentit generalista del mot— a casa nostra són greus. Primer, perquè el sistema no acaba de garantir que els ciutadans assoleixin plenament les competències, habilitats i destreses bàsiques. Que l'alumnat del batxillerat cientificotecnològic no pugui superar la nota de 5 punts en la mitjana de matemàtiques de les PAU juny-2024 obligaria a repetir totes les matemàtiques de l'ESO. Aquest seria un contingut concret que el sentit comú exigiria que s'apliqués. I la lectura?, la comprensió dels textos centrals del nostre patrimoni cultural? I l'escriptura?, la capacitat de redactar una síntesi objectiva o d'expressar correctament el coneixement personal i/o el punt de vista sobre una qüestió, amb bon domini de la llengua i una sintaxi correcta? I la possessió dels coneixements historicosocials, cientificotecnològics, geogràfics, literaris, filosòfics i religiosos indispensables per ser mínimament competents en la comprensió i la gestió del nostre món?

I, en segon lloc, el sistema educatiu també flaqueja excessivament en la formació de subjectes capaços de trobar i assumir, al darrere del sistema polític democràtic, una concepció de la vida de caire humanístic i basada, doncs, en els valors i ideals que potencien i despleguen la dignitat intrínseca, infinita, de les persones i la convivència justa entre els pobles. L'utilitarisme, el consumisme, el nihilisme, l'individualisme, l'economicisme, la ideologia del progrés in(de)finit, la vida centrada simplement en la recerca de plaers, l'aprimament de la consciència ètica..., aquests, i tots els altres «ismes» criticables que el llibre lamenta amb raó, haurien de trobar un context de tractament molt més seriós, i amb més dotació de programes i recursos, a l'escola. I no abocar-los a la solució de l'anomenada «escola de la vida», que pot ser que arribi massa tard. També perquè en el nivell universitari es radicalitzen els problemes de base: graus centrats només en la formació tècnica, la competència professional i la titulació? I això en una edat que ja pot obrir-se, de manera conceptualment més plena i fructífera, a la qüestió del sentit de la vida i de la seva fonamentació. Oportunitats perdudes a tots els nivells. Nivells insuficients en totes les etapes de l'educació. Mimetisme, a l'escola, a la universitat, a la família i a les institucions del país, d'una societat que no va per bon camí. Quina raó més generalista no té pas el llibre! Per això retorna al «realisme del sentit comú», com propugna l'autor mateix (pàg. 33).

Però l'escola és un àmbit ideal i un àmbit d'ideals. Perquè descansa en la missió que li dona legitimitat: proposar i treballar des de la utopia de contribuir a formar personalitats madures, equilibrades i equipades amb una clara visió del valor irrenunciable de la veritat, de la bondat, de la justícia i de la bellesa de la dignitat humana i de la realitat en si. I assolir realitzacions concretes i progressives d'aquest objectiu final tot instal·lant les persones en un domini real de coneixements, procediments i habilitats, per tal que la comprensió del món i el servei a la societat també restin assegurats amb competència professional. Utopia, sí. Perquè l'ambigüitat de la condició humana i la seva fal·libilitat, sumades a una mentalitat social que sempre necessita revisió i correctius ètics, tendeixen a convertir el moviment potencialment ascendent de l'educació en una corba asímptota. Justament per això, i a la vista d'una societat que sembla refractària als ideals, l'autor convida reiteradament a la resistència (íntima i institucional), a l'esforç, a la lucidesa, a la represa de les idees fonamentals, al treball incessant i a fons perdut, a la consciència renovada que la fe en la utopia testimonia el valor intangible i admirable de la vida.

Aquí rau, al nostre parer, la intenció i alhora el mèrit, la «utilitat» (res més útil que allò que és utòpic) i l'oportunitat del llibre. En llegir-lo atentament i amb paciència hom experimenta també l'efecte balsàmic de veure's confirmat/da en la intuïció que el problema de l'educació/formació/escola a tots els nivells no és de naturalesa merament tècnica. Com si només es tractés d'afinar els currículums. No: cal obrir la reflexió explícita sobre les bases humanistes últimes en què descansa (ha de descansar) tot el sistema educatiu. Dit a l'inrevés: possiblement sigui la desconfiança en la necessitat d'aquestes bases el factor explicatiu de la ineficàcia tècnica que fins ara han mostrat tots els currículums a casa nostra. Perquè els humans mai no utilitzem un «instrument» sense la convicció del valor que té per assolir un objectiu. Ara bé, si els objectius indicats com a *utopia* no guien pas els plans educatius, qui creurà en la bondat d'aquests?, qui els aplicarà cercant la seva millor eficàcia?, qui transmetrà als alumnes la convicció que els ajudaran a créixer com a persones?, qui els defensarà davant del col·lectiu docent com a dissenyats al servei de la missió educativa última, i no pas com un nou intent tècnic d'assaig-error?, com se'ls justificarà davant de les famílies i de la societat amb una bona base filosòfica, i no tan sols per millorar els pobres resultats de l'Informe Pisa?

Afegim-hi, però, que la generalitat té les seves virtuts i els seus perills. La més important de les primeres rau en la seva matriu: la realitat mateixa, viscuda reiteradament i imposant-se sempre a la ment humana, massa inclinada a vagar per mons inexistents. La realitat mana i acaba manifestant els patrons regulars a què obeeixen les situacions i els fenòmens concrets. Amb la seva ciclicitat i constància temporal, genera el pòsit d'experiència col·lectivament compartit que anomenem *sentit comú*. Tothom s'hi pot referir per ordenar la pròpia vida des de la singularitat de cadascú. Explicitar les màximes generals d'aquest saber, obtingut per generalització, pot ajudar en moments d'ofuscació o desorientació puntuals. Després cal mantenir-les en el rerefons de l'ànima, com un saber ja integrat per experiència i reflexió sobre la vida que va produint el seu propi efecte, gairebé atemàtic, si hom no el nega o neutralitza explícitament. Però el perill també hi és. Fer dependre la salvació de la societat i de l'educació de l'explicitació del sentit comú pot produir l'efecte miratge comentat: enlluerna amb una imatge general que no presenta prou trets definits que permetin d'inserir-la en la realitat quotidiana. L'escola constitueix un àmbit de màxima concreció de la convivència. Igual que la família en un nivell encara més íntim. O igual que una associació o entitat o institució en un nivell més social. Aquí no n'hi ha prou d'indicar que no s'ha de practicar la indiferència, cosa que el sentit comú reclama com a obvietat o generalitat, ja que som éssers humans. S'ha de poder establir i precisar també el conjunt d'actituds, valors, ideals i pràctiques determinades que moguin a una inclinació activa/proactiva vers els altres i a una disponibilitat real a acollir, ajudar i cooperar.

A més a més, psicològicament parlant té molta més capacitat mobilitzadora oferir consignes positives. El «no mataràs» no és equiparable a l'«estimeu-vos els uns als altres». S'aconsegueix evitar més morts estimant que no pas no occint. Perquè el que cal és saber clarament per què no hem de matar. I aquí ha d'intervenir l'educació en el sentit més propi i ple del mot: formació d'una personalitat fonamentada en la veritat, el bé i la bellesa estimables de la dignitat humana, de la realitat en el seu conjunt i del fonament últim de tot plegat. Sentit comú, doncs, al servei de l'educació. I no tan sols educació sota la guia de l'explicitació de les màximes generals del sentit comú. Possiblement, l'autor rebatria que no és competència de la filosofia (tampoc de la filosofia de l'educació) baixar a l'arena de la vida quotidiana i especificar la concreció detallada de les seves màximes generals. Sí, però fins i tot els ideals més generals imprimeixen caràcter en nosaltres si, i només si, els podem vincular a accions i actituds precises.

Per exemple, què podria significar l'esplèndida i encisadora formulació segons la qual l'escola és l'àmbit on cal acompanyar els altres? Què vol dir *acompanyar* en aquest context delimitat? Resulta obvi que, segons les conviccions generals de la societat i/o el règim polític instituït, per exemple un totalitarisme o dictadura, es podrien justificar mil formes diferents, i incompatibles, d'acompanyar. L'autor s'expressa com si fos evident per a tothom el contingut de les seves màximes/aforismes generals. O com si apel·lés a una bona voluntat natural o innocència preideològica o encara no tacada per les perversions que ell mateix critica de la nostra societat. Posaríem en mans dels docents els nostres fills si no sabéssim o intuíssim que els acompanyaran amb afecte i estimació envers llur persona, sense violència física ni verbal o abús, adaptant-los sàviament a uns hàbits necessaris perquè aprenguin i valorin l'autocontrol, ensenyant-los explícitament, amb valors humans, a relacionar-se cooperativament/no competitivament amb els altres companys i cercant maneres dignes perquè vagin assimilant els coneixements, procediments i habilitats propis del seu nivell amb una argumentació adequada a les coses en si? Per què no determinar el codi deontològic i humanista de la professió de docent? No tan sols en el pla de les màximes generals, sinó també de les conductes que cal posar en pràctica i de les que s'han d'evitar. No és cert que convé reduir l'ambigüitat que les màximes generals no poden dissoldre *a priori*?

Quines són aquestes màximes, tal com les presenta el llibre? Deu. Es troben revestides amb la forma literària de les benaurances de Mt 5,1-12: «benaurats/feliços els qui..., perquè...» De fet, tot el llenguatge de l'autor revela una clara matriu evangèlica, sota l'aparença d'un discurs «neutral», no confessional. No contenen, però, un transsumpte literal del Sermó de la Muntanya, sinó que només pretenen provocar en el lector la sensació d'atracció positiva que inciti al canvi personal i de les institucions educatives. Si es vol, tenen la forma d'un «evangeli de l'educació», que podria ser el títol del llibre.

La primera convida a prendre consciència de l'àmbit escolar com a tal: convivència de mestres i deixebles orientada a potenciar la maduració personal des de la no-indiferència, sinó des de la conversa i l'ensenyament (pàg. 36). La segona màxima conté un elogi dels bons mestres, de qui s'espera més que indiquin que no pas que expliquin, que personifiquin la gratuïtat, que afavoreixin la trobada humana i acompanyin els alumnes a obrir-se al món i a celebrar-lo (pàg. 44), fent-los créixer en un context de confiança i d'atenció personal, base de tota bona autoritat (pàg. 49). La tercera «benaurança de l'educació» subratlla la necessitat que l'escola ofereixi resistència al destí, o sigui, que ensenyi a relativitzar el marc del ja-donat i fomenti/cultivi en els alumnes la capacitat de ser origen, de situar-se bé en el món, de respondre a les situacions lluitant per l'alliberament i l'emancipació (pàg. 58), per la igualtat.

La quarta màxima que beneeix la tasca de l'escola fa de l'atenció i de l'entrenament de l'esperit l'ideal de la seva metodologia constant, ja que s'ha de conduir els alumnes vers la pràctica habitual de la receptivitat/obertura conscient a la manifestació del món, a la fondària de les coses, a l'aproximació desperta, a l'esforç per obrir-se cap enfora descentrant-se del propi jo amb constància i paciència (pàg. 68), però també amb la conjugació sàvia de l'atenció amb el repòs, el somieig i la distracció (pàg. 71). La cinquena màxima convida a fer que els alumnes (començant pels docents mateixos, és clar) esdevinguin amics de les formes, per copsar i valorar el contorn en què emergeix la figura de les coses, expressada segons les formulacions reglades de les ciències, dels sabers i de les tècniques, per tal de contribuir així a la formació humana de les persones (pàg. 88), font d'una reflexivitat generadora, també ella, de bones formes (pàg. 101). La sisena benaurança de l'educació ens aboca a la qüestió del mal, ja que l'escola està cridada a ser com una sagrera de la no-violència i un àmbit on s'aprèn a fer costat als qui tenim al costat des de la no-indiferència, la igualtat i el do generós de si mateix, com a lògica del bé, de l'amor, de la sobreabundància (pàg. 115).

La setena màxima de l'«evangeli de l'educació», que fa front al nihilisme ambiental, lloa les persones que, al cap dels anys, continuen atentes al món i entenen la vida com un exercici constant d'anar a escola, en un sentit que no és simplement metafòric, ja que la persona està cridada a conrear una vida espiritual per esdevenir madurament humana, tasca que ho és de tota la vida, si es té en compte que el món continua revelant-se sempre com a bellesa i fondària, però també com a mal i sofriment, i com a «en-via-ment», com a via a fer: «tot està en camí» (pàg. 132). Justament per això, la vuitena benaurança educativa enalteix l'actitud d'aprenentatge i cooperació com a estil permanent de vida, més enllà de les etapes educatives ja tancades, atès que l'atenció a la vida, principalment als altres, però també a les coses del món, és la crida que la nostra condició humana ens llança contínuament. Aquesta manera o forma de vida implica la pràctica reiterada de la contemplació, de l'acció mèdica, de la construcció cosmopoiètica, del repòs i del testimoniatge. De les tres primeres tractava la setena benaurança; la vuitena se centra en les dues darreres. De la reiteració del repòs n'espera l'autor la presa de consciència dels nostres límits, la distensió necessària per recuperar l'atenció i l'oportunitat perquè els pensaments esdevinguin hàbit. I el testimoniatge de la vida, del seu sentit, de la seva bellesa i de la seva fondària o misteri brolla espontàniament de la vida reflexiva, de la maduresa espiritual, i no respon pas a un voluntarisme que adoctrini ningú.

La novena màxima tanca el cercle d'entrar a l'escola de l'ànima i romandre-hi tota la vida amb la invitació a retornar-hi incessantment, «a fi que allò més humà de l'humà floreixi i fulguri per sempre més» (pàg. 146). Covar aquesta esperança com a sentit de tota l'educació, coextensiva a la vida sencera: vet aquí l'ànima que anima tot el llibre i que s'adreça a tota ànima que vulgui respirar anímicament i alliberar-se de la manca de profunditat del nostre temps cientista: «La crisi de l'educció i de la cultura és una crisi finalment de la confiança» (pàg. 157). Per això cal reconnectar amb experiències molt elementals i basilars: «Vet aquí les dues guies del sentit comú: no complicar les coses innecessàriament i no reduir el misteri o la meravella» (pàg. 159). És urgent reenfocar l'educació com a atenció a la fondària de la realitat: «Sense la mística del sentit comú i dels ulls oberts, comencen l'asfíxia lenta i la depressió» (pàg. 161).

El desè capítol formula la benaurança/màxima final de l'educació segons la metàfora/símil del darrer dia de curs a l'escola. I explota la sensació de voler quedar-s'hi —tot i haver de marxar per fer vacances— com la vivència d'una commoció personal, fruit d'una educació que ha tocat realment l'ànima dels alumnes i els ha fet sentir-se estimats i impulsats a créixer més en humanitat, a conrear la reflexió i la vida responsable, com a obediència (amorosa) a una crida (d'amor) que brolla permanentment de la nostra pròpia condició. I aquí el to de l'autor esdevé més religiós, més místic encara, més transcendental, més incisiu en la necessitat d'obrir-nos a allò que, a part de les realitats més immediates de la vida, també compta: el sentit, la veritat, l'ésser, el bé, l'Altre... (pàg. 171). Així és com podem restar sempre a l'escola de la vida, d'acord amb el que la vida mateixa vol ensenyar-nos per esdevenir *ànima*, persones com cal, arrelades en l'amor, en la pau, en la justícia, ja que: «Desproveït[s] del pensament viu d'aquest misteri, no és possible cap maduresa» (pàg. 178). I punt final.

El llibre sembla sostenir-se per si mateix: cada màxima remet immediatament a una altra per acabar de trobar la seva justificació, i aquesta reenvia a una tercera, que reconnecta/enllaça amb la primera a través d'una quarta, i així successivament. El conjunt està travat internament per enunciats generals encadenats entre si en múltiples direccions, com en un anell de saviesa. Però res no és així, en el fons, fonament de res, ja que aquest no es troba, pròpiament, en l'exposició de l'autor, sinó en el sentit comú en què descansa tot l'edifici. Qui el qüestioni, haurà qüestionat de cop el llibre sencer. Qui l'accepti, no podrà trobar rebutjable cap tesi del llibre. En el primer cas, mala fila farà qui renegui del sentit comú. En el segon, no evitarà la sensació de fatiga per veure's repetir a tort i a dret allò ja-sabut i donat-per-bo. I llavors li resultarà inevitable preguntar-se si no és mal senyal el fet que una societat necessiti que li explicitin el sentit comú per corregir el rumb de la seva nau. Llegir sentit comú cansa. Com els llibres d'aforismes (el capítol novè n'és una bona mostra). Però potser ofereix la medecina/càstig que ens mereixem. En aquest cas, l'autor tindria tota la raó del món (creiem que sí que la té). I la lectura del llibre seria altament recomanable. De fet, el diagnòstic social de l'autor també la justificaria: «La manca de feina ben feta, de responsabilitat i d'ideals fa feredat, denota una comprensió molt minsa —molt reduccionista— i una vida molt poc reflexiva. Les dosis d'anestèsia són altíssimes» (pàg. 170). Reaccionarem? O ens caldrà més sentit comú?

Joan ORDI FERNÀNDEZ
IREL

# LLIBRES REBUTS

## **Richard Rorty,** ***Sobre la filosofía y los filósofos. Escritos póstumos.***
Madrid: Tecnos, 2024, 288 pàg.

Aquest volum recull un seguit d'escrits filosòfics inèdits del filòsof nord-americà Richard Rorty. Redactats al llarg de quaranta anys, des de principis dels anys seixanta, presenten noves idees en matèries com ara la metafísica, l'ètica, l'epistemologia, la semàntica filosòfica i la funció social de la filosofia, en diàleg amb autors clàssics i contemporanis, des de Plató a Kant o des de Kripke a Brandom. W. P. Malecki i Chris Voparil en situen la significació en una breu introducció que caracteritza Rorty com a filòsof crític.

## **Álvaro Delgado-Gal,** ***Los conservadores y la revolución.***
Madrid: Alianza Editorial, 2023, 300 pàg.

El conservadorisme modern, tant en la seva primera versió després de la Revolució Francesa com al llarg dels segles XIX i XX, constitueix una reacció contra el racionalisme, el voluntarisme i l'idealisme dels progressistes hereus del Segle de les Llums. Delgado-Gal ressegueix les diverses branques del pensament conservador apropant-se a la filosofia, la literatura i l'art a fi d'analitzar alhora dos mons: el de la revolució i el de la contrarevolució.

## **Jorge Brioso i Jesús M. Díaz Álvarez,** ***La lucidez confrontada. La filosofía política de Ortega en contrapunto.***
Madrid: Tecnos, 2024, 196 pàg.

Els autors d'aquest volum afirmen que el seu apropament a la filosofia política de José Ortega y Gasset no es limita a comentar-ne les tesis fonamentals, sinó que vol llegir-les en *contrapunt* amb altres autors, teories i problemes que permeten mostrar-ne la rellevància en el món actual. Les complicades relacions entre l'intel·lectual i la política, les seves crítiques al pacifisme, la comprensió del fenomen totalitari, els clarobscurs del liberalisme, entre altres temes, són debatuts amb les posicions, per exemple, d'Edmund Husserl, Carl Schmitt, Richard Rorty o Giorgio Agamben.

## **Armando Pego Puigbó,** ***Anti(pos)modernos españoles.***
Madrid: Editorial Sindéresis, 2023, 128 pàg.

Aquest volum intenta traçar algunes línies alternatives del pensament literari contemporani espanyol des de finals del segle XIX fins al segle XXI, entre Ángel Ganivet i Enrique García-Máiquez. En debat amb la famosa obra d'Antoine Compagnon, s'hi recull un seguit d'assagistes, narradors i poetes les posicions polítiques i estètiques dels quals desafien les etiquetes ideològiques més rígides. En nom de la llibertat i la tradició, aquests autors mostren la profunditat moral i artística d'una reflexió de caire conservador, secret i cronoclasta.

**Laurence Gane - Piero, *Nietzsche. Una guía ilustrada.***
Madrid: Tecnos, 2024, 186 pàg.

Aquesta guia, amb il·lustracions de Piero, explora el pensament de l'autor d'*Així parlà Zaratustra*, mostrant que la seva obra no és només una crítica de la vanitat, la religió, el nacionalisme i fins i tot la filosofia mateixa, sinó també un diagnòstic encertat dels mals del món del segle XIX.

**Giordano Bruno, *Candelero.***
Madrid: Tecnos, 2024, 240 pàg.

*Candelaio* (1582) és la culminació de la comèdia italiana del Renaixement, en la via de Maquiavel i Aretí, però també representa una amarga crítica de la corrupció de la societat europea. Constitueix així una observació teatral dels diàlegs filosòfics de Bruno que presentaran la reforma moral, política i religiosa de la societat europea a partir de la recuperació de la veritable imatge de l'univers i de la seva relació amb la divinitat.

**Åsa Wikforss, *Hechos alternativos. Sobre el conocimiento y sus enemigos.***
Madrid: Tecnos, 2024, 228 pàg.

Des d'un punt de vista filosòfic i psicològic, aquest llibre pretén proporcionar una guia accessible al fenomen de la postveritat i reflexionar sobre com poder lluitar-hi en contra. Se serveix d'exemples concrets presos de la societat, l'educació i la política actuals per tal d'explicar què diferencia el coneixement de la simple opinió, el perquè és tan fàcil sembrar el dubte i desinformar, el perquè és tan difícil d'assolir la veritat i el perquè la naturalesa social del coneixement humà ens fa vulnerables a la manipulació de la confiança.

**Armando Pego Puigbó (coord.), *Leer el futuro. Cultura y tecnociencia tras la posmodernidad (1970-2023).***
Barcelona: Herder, 2024, 208 pàg.

Aquest volum conté contribucions d'investigadors dels SGR de La Salle – URL amb un abast interdisciplinari. En les noves transformacions que s'anuncien per a les nostres societats hi estan contingudes claus que els projectes i les crítiques dels últims cinquanta anys contribueixen a explicar. En política, en ètica i en tecnologia, des de les revolucions de les creences i l'acceleració temporal fins al impacte de la telefonia mòbil i la digitalització, sense oblidar els reptes neurocientífics del lliure albir i les relacions entre la fe i la ciència o els perills totalitaris de la societat opulenta i la possibilitat de pensar després del final de la metafísica, llegir el futur requereix un exercici retroactiu des d'un punt de vista humanista i científic.

**Diego Sánchez Meca, *Cultura europea y estilos de vida. Singladuras nietzscheanas.***
Madrid: Tecnos, 2024, 270 pàg.

Aquest llibre es proposa fer els lligams del pensament de F. Nietzsche amb el sorgiment, la configuració i el desenvolupament de la nostra cultura fins al present. A partir de la idea que sense una moral no es poden comprendre les condicions d'existència i els dispositius que articulen un cert estil de vida "europeu". Ara bé, el desenllaç decadent d'aquests judicis de valor i el nihilisme global contemporani requereixen nous valors amb els quals sigui possible inaugurar una altra època i impulsar un nou gir històric.

**Fernando Gil Villa, *Ni animales ni dioses. Retos de la humanidad.***
Madrid: Tecnos, 2024, 164 pàg.

Davant la polarització social del segle XXI, que afecta des de l'esport a la política, passant pel treball i l'educació, sembla que la humanitat, com a reconeixement de la vulnerabilitat, és cada vegada més escassa. A través d'un viatge per un univers tecnològic que sembla plagat de perills, els lectors trobaran en aquest llibre el retrat robot d'una humanitat futura que retroba un camí cap a un humanisme equilibrat.

**Cristián Soto, *Leyes de la naturaleza. Historia, Filosofía y Ciencias.***
Madrid: Tecnos, 2024, 300 pàg.

En els capítols d'aquest llibre s'hi presenten diverses concepcions de les lleis de la naturalesa, des de Descartes i Newton fins a l'actualitat, que queden sistematitzades sota el nom de tesis de la polisèmia. Al final l'autor proposa elaborar l'eliminativisme nòmic, que suggereix que s'han d'abandonar les lleis de la naturalesa tant en la investigació científica com en la interpretació filosòfica de la mateixa, traçant les fronteres principals de l'imaginari de les lleis de la naturalesa.

**Angus Gellatly - Óscar Zárate, *Mente y cerebro. Una guía ilustrada.***
Madrid: Tecnos, 2024, 188 pàg.

Aquesta guia, il·lustrada per l'artista Zárate i escrita pel professor de psicologia Gellatly, explica què tenen a dir les ciències sobre la planificació i l'acció, el llenguatge, la memòria, l'atenció, les emocions i la visió. Traça el desenvolupament històric de les idees sobre el cervell i la seva funció des de l'antiguitat fins a l'època de la neuroimatge.

**Joan Guitart Boixader, *Controversias filosóficas. Materia ¿solo materia?***
Sevilla: Editorial Aula Magna, 2024, 344 pàg.

Des de la perspectiva de la medicina, l'autor d'aquest volum pretén fer ús dels criteris realistes de caire aristotèlic per fonamentar les idees de veritat, certesa i plausibilitat. Vol posar en valor les diverses vies d'accés al coneixement, així com desvetllar les estratègies d'engany i manipulació. Finalment, du a terme una ponderació del grans temes del coneixement, com ara l'escepticisme, el materialisme, el dualisme, el teisme o la postveritat.

**Fina Birulés *et alia*, *Per què pensar?***
Barcelona: Edicions 62, 2024, 160 pàg.

Sis pensadors contemporanis —Xita Rubert, Raül Garrigasait, Marta Jorba, Jaume Casals, Fina Birulés i Josep Ramoneda— ofereixen en aquest volum un ventall de reflexions sobre els usos de la raó. Cada contribució pretén incitar a l'exercici original de la intel·ligència, ja sigui fent servir la imatge del bolígraf i el pastís o la dels nanos enfilats a l'esquena dels gegants, ja sigui plantejant el valor del pensar a camp obert.

**José Luis Botanch Callén, *Antropología de la razón vital vocacional.***
Alacant: Círculo Rojo, 2024, 272 pàg.

L'antropologia que vol descriure aquesta obra mostra les opcions dramàtica i tràgica amb les quals la persona pren la decisió radical de la seva vida, una vida pròpia amb la qual projectarà *dramàticament* una història personal, o la negació i l'ocultació de la seva *consistència*, i amb les quals *tràgicament* s'absentarà de la *seva* biografia i de la resta de persones. Som algú a qui sempre coneixem després d'haver acceptat aquell amb qui *necessitem* viure.

**Ramón Rodríguez, *La metafísica del siglo XX.***
Madrid: Tecnos, 2024, 282 pàg.

Aquest llibre pretén oferir una panoràmica sobre el renaixement de la metafísica durant el segle XX. No és un diagnòstic històric, sinó una exploració de les possibilitats de la metafísica en una època radicalment diferent d'aquella que teoritzava en els seus moments d'apogeu. Per això realitza una anàlisi i valoració crítica de les aportacions més decisives del corrent fenomenològic i el seu perllongament hermenèutic. El volum es tanca fent-se ressò de la més destacada incursió metafísica del segle XXI: el nou realisme.

# COMPREHENDRE

revista catalana de filosofia

Vol. 26/1 Any 2024

## Editorial

Diego I. Rosales — 5

## Articles / Articles

**Il dinamismo umano in Gregorio di Nissa, una proposta per il postmoderno** 7
***The human dynamism in Gregory of Nyssa, a proposal for postmodernism***
Ilaria Vigorelli

**Exceso y existencia personal. Comentario fenomenológico a *Confesiones* X, 8, 15** 31
***Excess and Personal Existence. Phenomenological Commentary on* Confessions *X, 8, 15***
Diego I. Rosales

**Nietzsche's Tragic Philosophy on God's Murder as Anthropology** 51
Juan Manuel Escamilla González Aragón

**Notas sobre la filosofía, la libertad y el mal en Lev Shestov** 75
***Notes on Philosophy, Freedom and Evil in Lev Shestov***
Ángel Viñas Vera

**El trabajo como fenómeno antropológico: fenomenología del cuerpo obrero** 97
***The work as anthropological phenomena: phenomenology of the worker body***
Marcela Venebra Muñoz

**Sentir, sentirse, sentir la Vida. La presencia de Böhme y Eckhart en el pensamiento de Michel Henry** 115
***Feel, feel-ourself, feel Life. The presence of Böhme and Eckhart in the thought of Michel Henry***
Stefano Santasilia

## Ressenyes / Reviews

**Rob Riemen, *L'art d'esdevenir humà. Quatre estudis*** 131
Jordi Feixas i Roigé

**Joan-Carles Mèlich,** ***La condición vulnerable*** 134
Ricardo Mejía Fernández

**Byung-Chul Han,** ***La crisi de la narració*** 138
Ester Vidaña-Vila

**Diego Fusaro,** ***El nuevo orden erótico. Elogio del amor y de la familia*** 140
Francisco-Jesús Cañete Cantón

**Llibres rebuts / Books received** 145

**Índex anterior / Previous Index** 147

**Normes de publicació / Guideline for contributors** 149

# NORMES DE PUBLICACIÓ

· *Comprendre* és una revista de caràcter científic i de recerca que es publica dues vegades a l'any i que està oberta a treballs que tractin els àmbits clàssics de la filosofia: metafísica, epistemologia, lògica, ètica, filosofia de la ciència i de la natura, antropologia, història de la filosofia, filosofia de la religió, estètica, etc. Està dirigida a un públic universitari interessat pel debat filosòfic i humanístic actual.
· *Comprendre* accepta tres tipus de treballs: articles, notes crítiques i recensions. Els articles i les notes crítiques han de ser originals i inèdits i han d'estar escrits en català o en les principals llengües europees. Només s'admetran recensions en català.
· Cal enviar a l'adreça electrònica de la revista (comprendre@salle.url.edu) un fitxer preferentment en format Word. Els articles no sobrepassaran les 9.000 paraules (notes i bibliografia incloses), mentre que l'extensió màxima de las notes i de les recensions serà de 6.000 i 2.500 paraules, respectivament.

Tipus de lletra: *Times New Roman, cos 12, interlineat 1,5.*
· Cal incloure-hi en la llengua del treball i en anglès un títol i un resum (*abstract*) (120 paraules màxim), destacant-hi, a més, cinc paraules clau també en ambdós idiomes.
· Les anotacions a peu de pàgina es numeraran correlativament. Les referències bibliogràfiques es poden presentar també al final del text, sempre per ordre alfabètic d'autors.

Cal seguir les següents normes d'estil en totes les citacions, així com en la bibliografia final. L'autor/a es compromet a lliurar el seu manuscrit respectant aquests criteris:
Tipus de lletra: *Times New Roman, cos 10, interlineat senzill.*
a) per als llibres:
Nom complet de l'autor/a COGNOMS (en versaleta). *Títol* (en cursiva). Lloc d'edició: Editorial, any.
Exemple:
Hanna ARENDT, *La condició humana*. Trad. d'Oriol Farrès. Barcelona: Empúries, 2009.
b) per als articles de revista:
Nom complet de l'autor/a COGNOMS (en versaleta), «Títol de l'article». *Nom de la publicació periòdica* (en cursiva) [Lloc d'edició], 000 (número), 0000 (any), pàg. 00-00.
Exemple:
Carles LLINÁS, «Gerhard Krüger: Einsicht und Leidenschaft (Intel·ligència i passió). Una entrada "platònica" en el pensament del segle XX». *Comprendre. Revista catalana de filosofia* [Barcelona], IX/1-2, 2007, pàg. 159-189.

· Cal afegir al final de l'article les referències bibliogràfiques utilitzades.
· Les dades personals i acadèmiques de l'autor s'han de presentar en un fitxer a part. Han de constar-hi nom i cognoms, la institució acadèmica a la qual està vinculat, el número ORCID i una adreça electrònica vigent.
· *Comprendre* segueix els criteris de conducta ètica per a la publicació dels articles i les notes crítiques. Per això requereix que els/les autors/autores adjuntin un compromis signat de compliment de bones pràctiques juntament amb els seus manuscrits. N'està disponible un model a la web de la revista.
· Els originals rebuts, siguin articles siguin notes, se sotmetran anònimament a l'informe de dos especialistes externs designats pel Consell de Redacció, el qual es reserva el dret de publicació. Es comunicarà raonadament als autors l'acceptació o el rebuig del seus treballs en el termini màxim de sis mesos.
- *Instruccions als avaluadors*: s'avaluaran l'originalitat, el rigor acadèmic i la metodologia, la bibliografia i l'estil de l'article, abans de procedir a recomanar-ne o no la publicació o a sol·licitar-ne modificacions.

# GUIDELINE FOR CONTRIBUTORS

· *Comprendre* is a scientific review which publishes two issues a year. It is opened to contributions on the classic fields of philosophy: metaphysics, epistemology, logical, ethics, philosophy of science, anthropology, history of philosophy, philosophy of religions, aesthetics, etc. It is addressed to an academic audience interested in the current philosophical and humanistic debates.
· *Comprendre* accepts three types of contributions: articles, critical notes and short reviews. Only original manuscripts not published previously and written in Catalan or in the main European languages (English, Spanish, French, German, Portuguese and Italian) will be considered for publication. Book reviews will be written only in Catalan.
· Contributions will be submitted electronically (comprendre@salle.url.edu) in a Word format file. Articles should not exceed 9000 words (including notes and bibliography). Critical notes should not exceed 6000 words. Short reviews should not exceed 2500 words.

Type of letter: *Times New Roman,* body *12,* space *1,5.*
· The title, an abstract (120 words max.), and five key words in both the original language and English must be added at the beginning of the contributions.
· Citations in footnotes will be numbered continuously. Bibliographical references can be placed in a final Work Citations section, always in alphabetical order by authors.

The next guidelines are mandatory to be followed in all the citations, as well in the final Work Citations section:
Type of letter: *Times New Roman,* body *10,* space *1.*
a) For Books:
Full Author's name SURNAME (small capital), *Títle* (italics). Place of edition: Publisher, year
Example:
Simone WEIL, *Waiting for God. Translated* by G. Craufurd. New York: Harper Perennial, 2009.
b) For Articles:
Full Author's name SURNAME (small capital), «Títle of the article». *Name of the periodical pubblication* (italics) [Place of edition], 000 (number), 0000 (year), pp. 00-00.
Example:
Carles LLINÁS, «Gerhard Krüger: Einsicht und Leidenschaft (Intel·ligència i passió). Una entrada "platònica" en el pensament del segle XX». *Comprendre. Revista catalana de filosofia* [Barcelona], IX/1-2, 2007, pp. 159-189.

· The bibliographic references used should be added at the end of the article.
· Personal and Academic affiliation should be included in a cover sheet, containing an operative electronic address as well as number ORCID.
· *Comprendre* follows the Code of Conduct for Publication Ethics in the case of articles and critical reviews. Authors are required to attach a contributor's form with the manuscript. A model is avalaible in its web.
· Contributions will be submitted to an external blind review process. The right of publication is reserved to the Editorial Board. The author will receive a response in six months. The acceptance or the refusal will be reasoned.
· *Guidelines for evaluators:* before being recommended to be published or not, or even to be modified, the articles will be evaluated according to the following items: originality, academic rigueur and methodology, bibliography and correct style.

# Estadístiques de COMPRENDRE
(Revista catalana de filosofia)

| | 2016 | | 2017 | | 2018 | | 2019 | | 2020 | | 2021 | | 2022 | | 2023 | |
|---|---|---|---|---|---|---|---|---|---|---|---|---|---|---|---|---|
| | | % | | % | | % | | % | | % | | % | | % | | % |
| **Articles rebuts** | 19 | | 22 | | 8 | | 18 | | 13 | | 17 | | 8 | | 25 | |
| **Articles acceptats** | 13 | 68% | 15 | 68% | 5 | 63% | 11 | 61% | 12 | 92% | 13 | 76% | 4 | 50% | 18 | 72% |
| **Articles rebutjats** | 6 | 32% | 7 | 32% | 3 | 37% | 7 | 39% | 1 | 8% | 4 | 24% | 4 | 50% | 7 | 28% |
| **Articles d'Espanya** | 10 | 53% | 16 | 73% | 6 | 75% | 9 | 50% | 10 | 76% | 12 | 70% | 7 | 87% | 13 | 52% |
| **Articles d'Itàlia** | 4 | 21% | | | | | 1 | 6% | | | | | 1 | 13% | 2 | 8% |
| **Articles de França** | 2 | 11% | | | | | 1 | 6% | 1 | 8% | | | | | 1 | 4% |
| **Articles del Regne Unit** | | | | | | | | | | | | | | | 1 | 4% |
| **Articles de l'Argentina** | | | | | | | 2 | 11% | 1 | 8% | 1 | 6% | | | 2 | 8% |
| **Articles d'Alemanya** | | | | | | | 1 | 6% | | | | | | | | |
| **Articles del Japó** | | | | | | | | | | | | | | | | |
| **Articles de Portugal** | | | 2 | 9% | | | | | | | | | | | | |
| **Articles de Xile** | | | | | 1 | 12,5% | | | | | 1 | 6% | | | | |
| **Articles de Mèxic** | 1 | 5% | 1 | 5% | | | | | | | | | | | 3 | 12% |
| **Articles de Colòmbia** | 1 | 5% | | | | | | | | | | | | | | |
| **Articles de Rússia** | | | 1 | 5% | | | 2 | 11% | | | | | | | | |
| **Articles de l'Índia** | 1 | 5% | 2 | 9% | 1 | 12,5% | | | | | 1 | 6% | | | | |
| **Articles de Bèlgica** | | | | | | | 1 | 6% | | | | | | | 1 | 4% |
| **Articles de Suècia** | | | | | | | 1 | 6% | | | | | | | | |
| **Articles dels Estats Units d'Amèrica** | | | | | | | | | 1 | 8% | | | | | | |
| **Articles de l'Equador** | | | | | | | | | | | 1 | 6% | | | | |
| **Articles d'Ucraïna** | | | | | | | | | | | 1 | 6% | | | | |
| **Articles de Txèquia** | | | | | | | | | | | | | | | 1 | 4% |
| **Articles del Perú** | | | | | | | | | | | | | | | 1 | 4% |

## REVISIÓ CIENTÍFICA / REVISIÓN CIENTÍFICA / SCIENTIFIC REVIEW 2023

Arriaga Arroyo, José Pedro (ITESO - México)
Bonilla Cerezo, Rafael (Universidad de Córdoba)
Bosch-Veciana, Antoni (ISCREB - Barcelona)
Brugarolas Brufau, Miguel (Universidad de Navarra)
Cabó Rodríguez, Joan (Universitat Ramon Llull)
Casanovas Combalia, Xavier (Universitat Ramon Llull)
Castelló Badia, Montserrat (Universitat Ramon Llull)
Cuevas Badallo, Ana (Universidad de Salamanca)
Dobre, Catalina Elena (Universidad Iberoamericana de México)
Estany Profitós, Anna (Universitat Autònoma de Barcelona)
García Pavón, Rafael (Universidad Iberoamericana de México)
González Guardiola, Joan (Universitat Illes Balears)
James Trapero, Ariel (Universidad Pontificia Comillas)
Laurenzi, Elena (Università di Salento)
Luján Atienza, Ángel Luis (Universidad Castilla La Mancha)
Martínez, Juan Pablo (Instituto Hápax - México)
Maspero, Giulio (Pontificia Università Santa Croce - Roma)
Mauri Álvarez, Margarita (Universitat de Barcelona)
Melloni, Xavier (ISCREB - Barcelona)
Moreno Fernández, Agustín (Universidad de Granada)
Navarro Zárate, Raúl (Universitat de Barcelona)
Peiro, Juliana (Instituto Hápax - México)
Pérez Zafrilla, Pedro (Universitat de València)
Peyra Almunia, Ignacio (Universitat Ramon Llull)
Quintana Rubio, Oriol (Universitat Ramon Llull)
Redmond, Juan (Universidad Valparaíso - Chile)
Samamé, Luciana (Universidad Nacional de Córdoba - Argentina)
Sánchez Abarrio, José Andrés (Centro Universitario La Salle - Madrid)
Sánchez Muñoz, Rubén (UPAEP, Universidad México)
Sánchez Soberano, Ramsés (Universidad Veracruzana - México)
Solarte Rodríguez, Mario Roberto (Pontificia Universidad Javierana - Bogotá)
Valentini, Antonio (Università La Sapienza - Roma)
Verdú Berganza, Ignacio (Universidad Pontificia Comillas)

# El grito de Job

Massimo Recalcati

128 páginas
12,2 x 19,8 cm
**ISBN:** : 978-84-254-5170-6
**Precio c/ IVA: 15,90 €**

El cuerpo de Job —y su alma— está atravesado por el mal. Desnudo, recubierto de llagas, cae en la ceniza y conoce en primera persona la injusticia del sufrimiento. Su plegaria solo puede adoptar la forma extrema del grito, dirigido a Dios: «¿Por qué a mí?».

El castigo que padece Job no compensa ningún mal, ya que él no ha cometido un crimen; tampoco es una venganza, porque nunca ha hecho daño a nadie. Expuesto a una violencia insensata cuya naturaleza no puede comprender, Job se ve inmerso en una experiencia intraducible. Queda solo el grito, como el modo más radical de la pregunta —la misma que él lleva inscrita en el nombre, porque Job en hebreo significa «¿Dónde está el padre?».

En este ensayo, lúcido y breve, Massimo Recalcati enfoca desde el prisma del psicoanálisis la pregunta de Job, el grito que desborda cualquier posible respuesta: el dolor no puede explicarse en términos de sentido porque no existe teología, ni ninguna otra forma de conocimiento, capaz de justificar su desmesura.

Herder Editorial S.L.
Provenza, 388
08025 Barcelona, España
Telf.: +34 934762626
www.herdereditorial.com